북중 머니
커 넥 션

마지막 남은 성공투자의 나라
북한에 파고드는 중국의 치밀한 전략

북중 머니
커 넥 션

North Korea and China's Money Connection

이벌찬 지음

책들의정원

우리만 몰랐던
북한의 진짜 경제현실

2019년 여름, 중국에서 만난 북한 무역상들은 강남의 부동산 중개 업자처럼 굴었다. "조선^{북한}이 각종 규제에 발 묶였지만 실상은 별다른 타격을 입지 않았지요"라며 콧방귀를 뀌고, "오히려 요즘 사업이 더 바빠졌어요"라며 우쭐댔다. 향후 북한 경제에 대해서는 입을 모아 '급등이 목전'이라는 투로 말했다. 국제사회는 유례없는 초강도 대북 제재를 가하고 있는데 현장에서 들려온 북한의 목소리는 당황한 기색 없이 자신만만했다.

북한 무역상들의 말에 허세야 섞였겠지만 허튼 소리는 아니다. 실제로 북한은 2016년부터 시작된 초강도 대북 제재를 4년 가까이 버텨내고 있다. 국제사회가 북한의 대외 무역을 틀어막고, 노동력 송출과 주요 물자 수입을 차단했지만 백기투항은 없었다. 부연 설명하자면, 북한은 폐쇄 경제로 알려진 것과 다르게 국내총생산GDP에서 대외무역 비중이 절반 정도다. 엄연히 수출로 외화를 확보하고, 수입 물자로 경제 건설을 하는 나라다. 대북 제재에 취약할 수밖에 없는 경제 구조를 갖고 있다.

그렇기에 제재를 견디는 북한 경제는 수수께끼였다. 북한의 경제 성장률이 곤두박질치는 동안2016년 3.9%, 2017년 -3.5%, 2018년 -4.1%에도 북한 내부 경제 상황은 안정적이었다. 북한 경제의 바로미터인 시장 물가와 환율은 변화가 거의 없었다. 휘발유·경유 등 정제유 가격은 2017년 급등했지만 다음해에 원래 가격 수준으로 복구됐다. 한 북한 연구자는 "아무리 제재의 여파가 시차를 두고 나타날 수 있다지만, 북한 내 물가와 환율이 오랫동안 안정적인 현 상황은 풀리지 않는 미스터리"라고 말하기도 했다. 최근에는 북한 경제가 3년 만에 다시 플러스 성장으로 돌아섰다는 보고서까지 나왔다. 유엔무역개발회의 UNCTAD가 1월 16일 발간한 '세계 경제 상황과 전망 2020'에서는 북한의 2019년 경제성장률을 1.8%로 추정했다. 이러한 사실들은 북한이 제재 속에서 생존의 길을 찾았다는 사실을 보여준다. 국제사회가 북한을 궁지에 몰아 넣으려 했으나 역부족이었던 것이다.

북한은 어떻게 초강도 제재 속에서 살아남을 수 있었을까? 그 답을 찾기 위해 2019년 하반기 북중 접경지역을 누비며 심층 취재했다. 랴오닝성 단둥, 다롄, 지린성 투먼, 옌지 등을 다니며 대북 사업가들과 북한 무역상, 현지 주민들을 만났다. 대북 사업가들이 모인 술자리에서 바이주를 받아 마시며 현장 이야기를 듣기도 하고, 새벽 기차를 타고 단둥의 호텔로 찾아가 북한 무역상을 인터뷰하기도 했다.

결국 답은 중국이었다. 중국이 북한에 돈줄을 대고 있었다. 북한 내부 발전에 필요한 물자를 공급하고, 밀무역과 북한 노동자 불법 체류를 눈 감아주며 외화를 수혈하고 있었다. 제재 예외 대상인 관광업에서는 북한과의 협력을 확대했다. 중국이 북한에 투자하는 이유는 명백했다. 순망치한, 상부상조. 한반도 비핵화도 중요하지만 북한의 체제 유지가 우선이고, 북한과 국경을 맞댄 중국 도시들이 발전하려면 북중 경제 협력이 필수이기 때문이다.

특히 충격적인 것은 북중 경제협력이 확대되고 있다는 사실이었다. 북중 접경지역에서 각종 신호들이 감지됐다. 국경 다리와 북중 통상구가 우후죽순 늘어나고, 중국 대북사업의 주축이었던 조선족과 북한 화교북한에 정착한 중국 국적자가 중국의 주류인 한족으로 대체되고 있었다. 개인 사업자 간의 거래는 줄고 정부 간의 거래는 늘어났으며, 단일 거래 규모가 커지면서 대북 사업 리스크는 줄어들었다. 중국의 중앙정부와 지방정부들은 속속 대북 사업 관련 정책을 쏟아내며 향후 북중 경협 확대를 위한 초석을 다지고 있었다. 앞으로 대북제재가 조금이라도 완화되거나 해제되면 북중 간의 경제 교류가 또 한 번 크게 늘어날 가능성이 높다.

앞으로 둘 중 하나의 시나리오가 실현될 것이다. 중국이 북한 경제를 독점하거나, 한국이 북한과 중국 사이를 비집고 들어가 북한의 주요 경제 파트너가 되거나. 현실은 전자의 가능성이 상당히 높다. 중국은 이미 10여 년을 북한과 독점 거래하면서 대북 투자, 사업 노하우를 축적했다. 그에 비해 한국은 2010년 5·24 조치 이후 북한과의 경제 교류가 대부분 끊겼다.

중국은 손해를 감수하며 북한과의 실질적 경제협력을 이어가고 있지만, 한국은 통일 이후 장벽 없는 남북 경협의 미래를 그리며 북한을 정치적으로만 바라보고 있다. 통일은 요원하고 북한의 경제 개방은 가까운 미래인데도 말이다. 만약 이대로 중국이 북한 경제를 선점하게 되면 향후 북한이 개방됐을 때 남북 경제협력은 수많은 걸림돌을 만날 것이다.

한국이 북한과 중국 사이를 비집고 북한과의 경제 교류를 확대하고자 한다면 그 어느 때보다 전략이 필요하다. 낯설게 들리겠지만, 한국이 중국 등에 올라타 북한과의 경제협력을 확대해야 한다. 대북제재를 한국이 역행할 수 없고, 남북 경제 교류가 오랫동안 막힌 상황에서 중국을 이용하지 않고서는 북한과의 경제 교류를 확대하기 어렵기 때문이다. 역설적으로 북한 경제가 중국의 우산 아래 들어간 덕분에 한국이 북한과의 경협을 손쉽게 확대할 수 있을지도 모른다.

이제 아래와 같이 다섯 줄로 요약되는 이야기를 시작해 보려고 한다.

　　— 중국과 국경을 맞대고 있는 한 북한은 무너지지 않는다.

　　— 대북제재 속에서도 북중 경제협력은 멈출 줄 모른다.

　　— 북중 경협이 확대될수록 미래의 남북 경협 공간은 줄어든다.

　　— 통일은 요원하지만 북한의 경제 개방은 가까운 미래다.

　　— 한국은 다가올 북한 경제 개방에 투자해야 한다.

2020년 3월

이벌찬

목차

1부

북한은 왜 망하지 않는가

북한의 마르지 않는 돈줄은
중국

제재는 국제사회가 위협을 가하는 국가에게 주는 벌칙이다. 보통은 경제적인 불이익을 준다. 북한은 해방 이후 '대북제재'라는 무거운 추를 벗어 던진 적이 거의 없다. 하나의 제재가 겨우 풀리면 얼마 지나지 않아 또 다른 제재를 받았다. 특히 2016년부터 2017년까지 세 차례의 핵실험을 감행해 현재는 '초강도超強度' 제재를 받고 있다. 대외무역, 노동력 해외 송출 등 주요 외화벌이 수단이 대부분 금지됐다. 그러나 북한은 제재 속에서도 살아남았다. 중국이라는 마르지 않는 돈줄이 있기 때문이다.

강해질 대로 강해졌단 말입니다

"지금의 대북제재는 앞으로 10년 넘게 이어질 겁니다."

북한의 거물 무역상 류 사장을 만난 것은 2019년 7월 중국 랴오닝성 단둥의 한 호텔 커피숍에서였다. 2016년부터 시작된 초강도 대북제재에 대해 "언제쯤 해제될 것으로 예상하십니까?"라고 물었더니 이 같은 대답이 돌아왔다. 당시 중국의 대북 전문가들은 2019년 말이면 제재가 대폭 완화되거나 해제될 것으로 전망하고 있던 터라 그의 대답이 신선하게 다가왔다. 실제로 대북제재는 2019년을 넘기고 계속되고 있다.

류 사장은 40대 남성으로 북한 명문대인 김책공업종합대학을 졸업했다. 2000년대 초부터 북한 무역회사에서 일했다. 보통의 북한 무역상들은 상부에서 지시 받은 임무를 수동적으로 처리하지만 그는 중국 관료와 사업가들을 만나며 새로운 사업 아이템을 찾으러 다닌다. 북한에서의 정확한 직위를 묻자 '고위층'이라 뭉뚱그려 답하고서는 "북중 간에 사고 파는 품목 중에 내가 모르는 것은 없습니다"라며 허세를 부렸다. 오랫동안 북중 무역에 종사했다지만 중국어 발음은 어눌했다.

"조선^{북한}에서는 지금의 제재가 길게 간다고 생각합니다. 10년은 간다는 거지요. 그런데 상관 없습니다. 조선 나름대로의 전략이 있고 방법이 있습니다. 69년간 제재[1]를 받고 살다 보니까 이제는 강해질

---

1 북한이 유엔 안전보장이사회(안보리) 제재를 받기 시작한 것은 2006년이지만, 미국의 대북제재는 1950년 6월 25일 남침 직후부터 시작됐다. 미국은 북한을 적성국으로 지정해 미 재무부, 상무부가 금융, 무역거래를 제한했다. 북한은 1987년 KAL기 폭파사건으로 다음해인 1988년 미국으로부터 테러지원국으로 지정돼 본격적인 제재를 받았다. 2008년 부시 정부에서 테러지원국 명단에서 북한을 뺐지만, 9년 뒤인 2017년 트럼프 정부에서 북한을 테러지원국으로 재지정했다.

대로 강해졌단 말입니다. 익숙해질 때도 됐지요. 물론 제재를 받으니 힘들게 앞으로 나가겠죠. 그래도 조선이란 말입니다. 세계 어느 나라도 감히 하지 못할 일을 하는 나라란 말입니다. 제재 따위에 미국 눈치를 보고 살 나라가 아니다 이 말이죠. 외세에 굴복하면서 사는 그런 성질의 민족이 아니거든요. 기필코 경제에서 (제재로 인한 여파를) 밀어낼 겁니다."

류 사장의 말은 김정은 위원장이 2019년 4월 12일 최고인민회의 시정연설에서 했던 말을 연상케 했다. 김정은은 "제재 해제 문제 따위에 이제 더는 집착하지 않을 것"이라며 "미국이 지금의 정치적 계산법을 고집한다면 해결 전망은 어두울 것이며 매우 위험할 것"이라고 말했다.

류 사장은 이어서 대북제재가 오래갈 수밖에 없는 이유에 대해 자신의 논리를 폈다.

"트럼프 미국 대통령이 (김정은 위원장에게) 귓속말로 '재선하게만 도와주면 제재 해제를 선물하겠다' 이렇게 말했다는데요. 미국 통신에 의하면 그랬다는데 물론 그럴 수도 있겠죠. 통역을 끼고 단 둘이 그렇게 말했다는 것이 좀 이상하지만요. 그런데 저 나라가 트럼프가 결심해서 되는 나라가 아니지 않습니까? 트럼프가 자기 의견이야 제시할 수는 있지만, 국회 하원과 상원에서 다 승인해야 가능한 일이죠. 트럼프가 하는 말을 믿을 수 없는데 우리가 뭘 어떻게 돕고 어떻게 협상합니까?"

북한 외무성 대변인이 할 법한 말들이었지만 합리적인 데가 있었다.

"그리고 트럼프가 그렇게 강하게 (대북제재 해제를) 결심했다면 왜 지금껏 약속을 리행이행하지 않습니까? 싱가포르 6·12 공동성명[2]을 보십시오. 신뢰할 수 있는 기초를 서로 쌓아야 한다면서 조항을 만들었지요? 조선은 곧바로 인도적으로 미국인, 미군 유해 송환했지요? 그런데 트럼프가 뭐 하나 리행한 게 있습니까? 한미연합훈련 안 한다고 했잖아요. 그런데 다시 하지 않았습니까? 민주주의 개념에서 봤을 때는 물론 아니라 하겠지만, 외교에서는 한 나라 수장이 결심하면 흑백도 바뀌어야 하는데 미국은 전혀 아닙니다."

미국이 북한의 일방적 핵 포기만 요구한다는 불만이었다. 류 사장은 말을 이어갔다.

"내 집에 들어오는 도둑놈 무섭다고 몽둥이 안 들고 물건 줘 버리는 주인이 어디 있습니까? 승냥이 달려드는데 사냥총 내려놓고 잡아먹힐 사냥꾼이 어디 있습니까? 세상에 리치이치가 간단합니다. 국제사회가 제재하면 조선은 안 싸울 수 없습니다. 그리고 싸우면 다 살아날 길이 있습니다."

"뭘 가지고 싸운다는 겁니까?"

"자금이죠. 조선은 10년 제재에도 버틸 수 있는 기초 자금을 만들고 있습니다."

---

2 2018년 6월 12일 사상 첫 북미정상회담에서 채택한 성명.

구찌GUCCI 북한 지점

류 사장과 만나고 며칠 지나지 않아 한인 대북 사업가 A씨를 소개받았다. A씨는 1990년대 중반에 북중 최대교역 거점인 중국 랴오닝성 단둥에 무역회사를 설립해 20여 년째 사업을 이어오고 있는 인물이다. 북한의 주요 무역회사들이 가장 신뢰하는 한인 사업가로 꼽힌다. A씨는 나를 보더니 대뜸 이런 질문을 던졌다.

"구찌 북한 지점이 있는 것 아십니까?"

평양의 백화점이나 시장에서 암암리에 구찌나 프라다 같은 명품을 갖다 놓고 판다는 얘기는 들었지만 공식 매장이 있다는 말은 금시초문이었다. "잘못 아신 것 아닙니까?" 내가 반문했다.

"아닙니다. 구찌가 북한을 위해 멋들어지게 만든 공식 매장이 있지요. 북한 사람들이 매장 앞에 줄 서는 덕에 그 비싼 물건들이 기가 막히게 잘 팔립니다. 국제 사회가 제재를 가해 북한 자금줄을 꽁꽁 묶었다고 떠드는데 그 매장에 가보면 생각이 바뀔 겁니다."

그의 말을 믿어야 할지 망설이다가 스마트폰을 꺼내 구찌 공식 홈페이지에 접속했다. '매장 찾기' 항목에 들어가 전 세계 구찌 매장이 안내된 지도를 열었다. 놀랍게도 지도 위 북한 서북단에 구찌 매장이 있었다. "사장님, 북한에 구찌 매장이 있는 게 맞네요!"

그러나 지도를 확대해 보니 맥이 풀렸다. 북한 신의주와 마주보는 중국 단둥에 개설된 구찌 매장이었다. 신의주에서 불과 1.7km 떨어진 곳에 있어 지도상에선 북한 땅에 매장이 있는 것처럼 보였다. 북한과 중국의 국경선 1,334km 가운데 4분의 1[3]이 단둥과 접한다.

"제가 실없는 농담을 한 게 아니라 그 매장이 여기_{단둥}에서는 '구찌 북한 지점'으로 불립니다."

A사장 말에 따르면 단둥은 도시 규모가 작아 구찌 매장이 들어설 만한 곳이 아니라 한다. 중국 전역에 구찌 매장은 56곳[4]으로 소비 수준이 높은 1, 2선 대도시에 분포돼 있는데 비교적 낙후한 3선 도시에 매장이 들어선 곳은 단둥이 유일하다는 것이다. 중국은 주요 도시들을 상업자원과 유동인구, 미래 발전 가능성 등을 평가해 5개 등급으로 분류하는데 1, 2선 도시가 대도시에 속한다.

실제로 단둥이 속한 랴오닝성에서는 단둥을 제외하면 성_省에서 가장 큰 두 도시인 다롄과 선양에만 구찌 매장이 있다. 2018년 기준 도시 GDP로 따지면 다롄, 선양은 각각 7,660억 위안, 6,292억 위안으로 랴오닝성 1, 2위를 차지한 반면, 단둥은 816억 위안으로 11위에 불과하다. 소비력의 지표인 1인당 GDP 차이도 커서 다롄은 11만 위안, 선양은 7.6만 위안인데 단둥은 3.4만 위안이다. 단둥 인구는 238만 명에 그치지만 다롄은 699만 명, 선양은 829만 명에 달한다.

"2013년 단둥에 새 백화점이 생기고 구찌 매장이 들어섰을 때 다들

---

3 북한과 중국은 1,334km에 걸친 긴 국경선을 마주하고 있다. 이중 300여km를 단둥과 접하고 있다.

4 중국 내륙 56곳과 별개로 홍콩, 마카오에 22곳의 매장이 더 있다.

'짝퉁' 구찌 매장이 아니냐고 했어요. 개점 초기에는 중국 소셜미디어인 웨이보에서 '단둥 구찌 매장은 무허가 판매장이니 가지 말라'는 헛소문이 돌고, 단둥 비하 발언이 나올 정도였으니까요. 그만큼 중국인들 입장에서는 구찌 공식 매장이라는 '부의 상징'이 다른 대도시들을 제치고 단둥에 먼저 들어선 것이 이상해 보인 겁니다."

A사장은 말을 이어갔다. "단둥 현지인들은 대학 졸업 후 월급 3,000위안약 51만 원을 받는 게 보통이고, 이 도시는 북한과의 무역으로 먹고 사니 구찌 쇼핑을 할 부자가 얼마나 있겠습니까? 그런데 알고 보니 단둥 구찌 매장은 단둥을 위한 매장이 아니었습니다. 매장을 열었더니 줄 서서 사는 고객들이 대부분 북한 사람들이었던 거지요. 2,400만 인구의 북한을 타깃으로 한 매장이었던 거죠." 단둥은 북중 공식 무역의 70%[5]가 이뤄지는 도시로, 북한 자본이 가장 많이 풀리는 중국 도시다. A사장이 하고 싶은 말은 이것이었다.

"북한이 얼마나 돈이 많길래 구찌가 북한 지점을 다 냈을까요."

구찌 양말 사재기하는 북한 무역상들

A사장 말을 듣고 찾아간 구찌 매장은 단둥 기차역에서 겨우 700m 거리였다. 역에서 내려 횡단보도를 두 번 건너 도착하니 10분이 채

---

5 단둥이 북·중 공식 무역의 70% 이상을 차지하는 이유는 이 도시가 중국에서 북한과 연결된 철도교·차량용 도로대교·부두를 모두 갖춘 유일한 도시이기 때문이다.

걸리지 않았다. 단둥과 신의주를 잇는 압록강철교조중우의교·朝中友誼橋와의 거리도 1.5km였다.

구찌 매장이 입점한 '후이차오국제광장' 백화점은 그 일대에서 단연 눈에 띄는 호화 빌딩이었다. 2013년 지어진 건물은 서울 중심가의 대형 백화점을 방불케 했다. 1층 벽면에는 금색 구찌 로고가 큼지막하게 박혀 있었고, 건물 사면에는 아르마니, 페라가모, 휴고보스, 막스마라, 디올 등 쟁쟁한 브랜드들의 광고판이 걸려 있었다. 주변의 허름한 건물들이 전부 '북한 전문 관광', '북한, 한국 기념품' 간판을 달고 있는 것과 선명한 대비를 이뤘다.

백화점 내부 바닥은 대리석이었다. 1, 2층 귀퉁이에는 중국 대도시 번화가에서만 볼 수 있는 스타벅스 카페가 있었는데 아메리카노 큰 잔벤티 사이즈 가격이 31위안약 5,300원으로 한국 스타벅스5,100원보다 비쌌다. 백화점 안에는 5성급인 힐튼가든호텔로 곧장 연결되는 통로도 있었다.

단둥의 경제 수준을 고려하면 지나치게 호사스러운 백화점이었다. 백화점을 소유한 회사는 단둥 현지 기업으로 그리 규모가 큰 곳도 아니었다. 이 회사는 2000년에 단둥 번화가 '치징가'에 '후이차오명품점'이라는 이름의 백화점을 지었는데 그때만 해도 내세울 수 있는 명품 브랜드라고는 여행용 가방 브랜드 '샘소나이트'와 '치피랑'과 같은 중국 의류 브랜드가 전부였다. 도시는 크게 변한 것이 없는데 10여 년만에 세계 명품 매장이 빼곡히 들어찬 백화점이 들어섰으니 기이

한 일이었다. A사장의 말처럼 북한의 돈이 단둥에 흘러 들어온 까닭에 이 같은 호화 백화점이 세워진 것이 아닐까 싶었다.

평일 이른 오후였는데도 구찌 매장에서 북한 손님을 만났다. 165cm 정도 되는 키에 통통한 체격의 중년 남성. 흰 반팔 티셔츠에 검정색 정장바지를 입고 납작한 가죽가방을 겨드랑이에 끼고 있었다.

"쩌거 니먼 여우 지거這個你們有幾個, 이 제품이 몇 개나 있나?" 북한 남성 옆을 따라 다니던 통역사가 직원을 불렀다. 통역사는 북한 남성과 몇 마디 나누더니 880위안약 15만 원짜리 구찌 로고가 새겨진 양말을 가리키면서 20켤레를 달라고 했다. 단번에 300만 원어치 양말을 구매한 것이다.

단둥 구찌 매장 직원에게 물어보니 손님들 중에 북한 무역상이 특히 많다고 했다. 북한 무역회사에서 파견한 이들은 한 번에 열흘, 길게는 한 달씩 중국으로 출장을 나와 수출입 계약을 체결하는 실무자들이다. '임무'를 마치고 북한으로 돌아갈 때면 상급자에게 바칠 선물을 구찌에서 사가는데 한 번에 수십 개씩 같은 제품을 주문하곤 한다.

북한에 가져다 팔 요량으로 사재기하기도 한다. 사치품은 대북 수출 금지 품목이지만, 북한에서 명품 구매 열기는 대북제재를 비웃듯 날로 높아지고 있다. 싱가포르 회사가 운영하는 평양 모란봉구역의 '북새상점'과 류경호텔 인근의 '보통강류경상점'에서는 샤넬, 몽블랑 같은 명품 의류 브랜드와 고급 위스키 등이 버젓이 팔린다. 대부분 정상가로 팔리지만, 구하기 어려운 제품은 원래 가격의 두 배 가까이 되는 액수를 불러도 사가는 사람이 많다.

2019년 4월 리모델링을 마친 평양 '대성백화점'에는 샤넬과 SKII, 각종 고급 시계 브랜드 매장이 들어섰다. 브랜드 본사에서 승인한 매장은 아니지만 간판과 진열대 등 외양은 공식 매장과 구분이 어려울 만큼 비슷하다. 명품 수요가 많다 보니 고급 백화점뿐만 아니라 시장에서도 구비해 놓고 팔고 있다. 평양의 통일거리 시장 등에서도 명품 가방을 쉽게 볼 수 있다.

북한의 명품 수요는 북한의 원활한 자금 사정을 상징적으로 보여준다. 2016년 시작된 초강도 대북제재가 북한의 외화벌이 수단을 모조리 차단했다지만, 실제로는 사치품을 줄 서서 살 만큼 넉넉한 자금을 확보하고 있는 것이다.

접경 도시의 벼락부자들

조선족 리 씨가 부자가 된 이야기는 북한이 얼마나 많은 자금을 중국에 쌓아두고 있는지를 짐작하게 한다. 그는 중국 단둥에서 10여 년간 북한 무역회사들과 거래해온 사업가다. 최근에 갑자기 부자가 됐다. 2019년 8월 단둥의 한 호텔에서 그를 만났다.

그의 스토리는 기이했다. 몇 년 전 주 거래처인 평양 신진무역회사 소속 무역상이 그의 사무실로 혼자 찾아왔다. 대북 사업을 하는 그의 사무실에 북한 무역상이 드나드는 것은 흔한 일이었지만 혼자서 오는 경우는 드물었다. 북한 무역상은 리 씨에게 1,200만 위안약 20억 2,400

^{만 원}을 맡기는 대신 수수료를 주겠다는 제안을 했다.

리 씨가 자초지종을 물어보자 북한 무역상은 "내가 빼돌린 돈을 차명으로 안전하게 보관하기 위한 것"이라고 실토했다. 북한 무역회사들은 중국 회사와의 거래 규모를 축소 신고하는 등의 방법으로 기록에서 누락된 금액을 중국에 쌓아놓고 불린다. 이때 고위층이 일부 자금을 착복하는 경우가 많다. 리 씨는 달갑지 않았지만 주 거래처의 요구를 거절할 수 없었다. 결국 자신의 중국 은행 계좌에 돈을 넣어 보관했다.

돈을 맡긴 무역상은 다시 리 씨를 찾아오지 않았다. 대신 1년쯤 지나 다른 북한 무역상이 그를 찾아와 맡긴 돈을 돌려달라고 했다. 이때는 이미 신진무역회사 윗선이 숙청 당해 회사가 휘청거리던 상황이었다.

"누가 봐도 내 계좌에 있던 1,200만 위안은 주인 없는 돈이 된 거죠. 나한테 돈을 맡긴 사람이 숙청이 됐든 잠적을 했든 사라졌으니 다른 사람이 나를 찾아온 것 아니겠어요? 내가 바보도 아니고 그냥 그 돈을 순순히 내놓을 수 없죠. 내가 안 주면 그만인 건데요."

리 씨는 맡긴 돈의 절반을 달라고 요구해 그에 조금 못 미치는 500만 위안^{약 8억 4,600만 원}을 챙겼다. 그가 10여 년 동안 북한을 상대로 무역업을 해오면서 번 돈보다 많은 돈이었다.

리 씨는 자신의 이야기를 '흔한 사연'이라고 했다. "2011년 김정은 북한 국무위원장이 집권한 이후 몇 년간 단둥에 난데없이 1,000명 정

도의 졸부가 생겼어요. 그들 중에 재산이 1억 위안약 169억 3,000만 원이
넘는 부자들도 많아요. 면면을 살펴보면 큰 돈을 만질 사람들은 아니
죠. 대북 사업을 하거나 북한 무역상들과 엮여 있던 조선족이나 한족
들이 대부분이에요. 이 사람들이 어떻게 하루 아침에 벼락 부자가 됐
을까요? 다 나같이 북한이 중국에 쌓아놓은 돈을 꿀꺽한 거예요."

"북한에서 얼마나 많이 숙청했길래 그 많은 돈이 풀렸을까요?"

내 말에 리 씨는 얼굴을 찌푸리며 그게 이야기의 핵심이 아니라고
고개를 저었다.

"주인 잃은 돈은 북한 자금의 극히 작은 부분에 불과합니다. 대북
제재로 북한의 외화벌이가 막혀 자금난을 겪고 있다고 생각하겠지만
현실은 그게 아닙니다. 북한은 중국에 외화를 쌓아두고 있고, 지금 이
순간에도 중국과 음으로 양으로 거래하면서 돈을 벌어 들이고 있습
니다. 북한의 자금력을 우습게 보지 마시란 말입니다."

무너진 기대

대북제재 속에서도 북한의 돈줄이 마르지 않았다는 사실은 공공연
한 비밀이다. 구찌 단둥 지점에는 북한 사람들이 몰리고, 북한 무역상
들은 중국 곳곳에서 대량으로 물자를 사들인다. 북한의 두만강변, 압
록강변에서는 하루가 다르게 고층 건물이 올라가고 있다.

이 같은 사실이 충격적인 이유는 2016년부터 시작된 국제 사회의

대북제재[6]가 초강수였는데도 북한 경제에 미치는 영향이 제한적이었기 때문이다. 북한의 대외무역과 외화벌이 수단을 전방위로 틀어 막으면 북한 경제가 무너져 국제사회의 핵무기 포기 요구에 응할 것이란 기대가 무너진 것이다.

북한은 2006년부터 2017년까지 여섯 차례의 핵실험을 감행한 까닭에 최고 수위의 제재를 받고 있다. 2019년 말까지 유엔 안전보장이사회안보리가 결의한 대북제재는 총 11건이다. 가장 먼저 채택된 결의안이 2006년 7월의 1,695호고, 가장 최근의 결의안이 2017년 12월의 2,397호다. 1993년 3월 북한의 핵확산금지조약NPT 탈퇴 선언 이후 대북제재가 본격적으로 논의됐다.

초기 결의안은 북한에 군사 도발 자제를 촉구하는 수준이었다. 1,695호 결의안은 북한 핵과 미사일, 대량살상무기WMD 개발 금지와 관련 자금 동결, 기술 이전 금지 등을 권고했다. 같은 해 10월 발표된 결의안 1,718호에선 대북제재 이행 및 제재위원회 구성을 결정했다.

2016년 1월 6일 북한의 4차 핵실험이 초강도 대북제재의 도화선이 됐다. 유엔 안보리는 북한의 핵 도발이 위험 수위를 넘었다고 보고 북한 경제의 목줄을 바짝 죄기로 결심했다. 무기 수입 금지 등에 국한된

---

6 국제관계에서 특정 국가에 대한 경제제재는 경제적 징벌을 사용하여 제재 대상 국가의 정치군사적 행태의 변화를 강제하는 외교정책의 도구다. 보통 국제사회가 해당 국가에 대해 무역·금융제재 및 자산동결 등을 통해 외교적 목적을 달성하기 위해 하는 조치를 뜻한다.

비경제적 제재에서 포괄적인 북한 경제 봉쇄로 제재의 방향을 틀었다. 대외무역 등 북한의 외화벌이 수단을 모조리 없애 북한의 생명선을 끊겠다는 각오였다. 이 때문에 2016년부터 새로운 제재 결의안이 발표될 때마다 '역대 최강'이라는 수식어가 붙었다.

북한의 4차 핵실험 이후 채택된 첫 유엔 안보리 대북제재 결의안은 2,270호^{2016년 3월}다. 북한의 최대 수출품인 석탄을 비롯해 철광 등 주요 광물의 수출을 금지했다. 다만 '민생 목적' 수출은 제재 대상에서 제외해 숨 쉴 틈을 남겼다. 이 외에도 북한의 선박·항공기 운행을 규제하고, 대외 금융을 억제하는 조치를 담았다. 과거 대북제재 결의안과 비교해 대다수 조항이 '권고'를 넘어 '의무화'됐다.

북한의 5차 핵실험 이후 채택된 2,321호^{2016년 11월}는 북한의 주요 수출품인 석탄 수출 금지 조항을 강화했다. '민생 목적은 예외' 규정을 없애고 대신 석탄 수출 상한제를 도입했다. 만수대창작사에서 아프리카, 동남아 국가에 판매하는 동상도 수출을 금지시켰다. 북한의 재외공관이 개설할 수 있는 금융계좌는 한 개로 제한했다.

2017년에는 제재의 강도가 한층 더 높아졌다. 2,371호 결의안^{2017년 8월}은 북한의 석탄 수출을 처음으로 전면 금지했다. 북한의 주요 외화벌이 수단으로 꼽히는 수산물 수출, 해외 노동자의 신규 송출도 막았다. 중국·러시아·중동 등에서 일하는 북한 10만 노동자의 매년 3억~10억 달러의 외화수입을 끊으려는 조치였다.

북한의 6차 핵실험 이후 채택된 2,375호^{2017년 9월}는 '북한의 생명선'

표1. 유엔 안보리 대북제재 결의

채택 시기	채택 배경	주요 내용
2006.7.15 1,695호	탄도미사일 발사 (2006.7.5)	북한 핵, 미사일 개발 금지와 관련 자금 동결 등을 권고
2006.10.14 1,718호	1차 핵실험 (2006.10.9)	핵, 미사일 관련 부품 북한 유입 금지
2009.6.12 1,874호	2차 핵실험 (2009.5.25)	기존 비경제적 제재 강화
2013.1.22 2.087호	장거리미사일 발사 (2012.12.12)	기존 비경제적 제재 강화
2013.3.7 2,094호	3차 핵실험 (2013.2.12)	기존 비경제적 제재 강화
2016.3.2 2,270호	4차 핵실험 (2016.1.6)	북한 석탄, 철광석 등 수출 금지, 민생 목적 석탄 수출은 예외적으로 허용. 원유 거래 제한. 북한발, 북한행 화물 검색 의무화. 핵무기 자금 조달에 관여한 기관과 개인의 해외 활동 제재. 유엔 회원국들은 자국에 북한 은행 지점·사무소 개설 금지. 기존의 은행 사무소들은 90일 이내 폐쇄.
2016.11.30. 2,321호	5차 핵실험 (2016.9.9)	2,270호의 민생 목적 석탄 수출 허용 조항 삭제. 석탄 수출 상한제 도입. 연간 4억 90만 달러 또는 750만 톤 규모로 제한. (이전까지 매년 11억 달러, 1,500만 톤 규모 수출)
2017.6.2. 2,356호	수차례 탄도미사일 발사	기관 4곳, 개인 14명 추가 제재
2017.8.5. 2,371호	ICBM 발사 (2017.7.4., 7.28)	2,321호에서 수출 상한선을 둔 석탄 수출 전면 금지. 북한의 석탄, 철, 철광석, 납, 납광석, 수산물 등의 수출 전면 금지. 유엔 회원국의 추가적인 북한 노동자 고용 금지. 북한 회사와의 신규 합작투자 금지
2017.9.12. 2,375호	6차 핵실험 (2017.9.3)	최초로 대북 유류 공급 제한. 원유 연간 400만 배럴, 정유제품 연간 200만 배럴이 상한선(기존 공급 규모에서 30% 감축). 석탄에 이어 북한의 주력 수출 품목인 섬유 및 의류 수출 금지. 최초로 민생 수입 품목도 제한
2017.12.23. 2,397호	ICBM 발사 (2017.11.28.)	대북 유류 공급 제한 강화. 정유제품 연간 200만 배럴에서 50만 배럴로 감축. 해외 파견 북한 노동자 2년 내 철수 의무화. 식료품, 농산물, 기계류, 전자기기, 토석류, 목재류, 선박 수출 금지. 산업기계, 운송수단, 금속류 수입 금지

으로 불리는 원유 등 유류 공급을 제한했다. 대북 유류 공급 30%를 감축하도록 해 원유와 정유제품 공급을 각각 연 400만 배럴, 200만 배럴로 동결했다. 대북 투자·합작사업은 금지됐고, 북한의 대표 수출품 중 하나인 의류 완제품 수출길이 막혔다.

이어진 2,397호^{2017년 12월}는 대북 정유 제품 공급량의 연간 상한선을 200만 배럴에서 50만 배럴로 또다시 감축했다. 유엔 회원국들은 북한의 해외 파견 노동자를 2019년 말까지 전부 본국으로 송환하도록 했다. 식용품과 목재류, 선박, 농산품 수출도 금지했다. 북한의 수출 창구를 전부 봉쇄해 50억 달러 내외로 추정되는 북한의 외화 보유고를 고갈시키겠다는 메시지였다.

일련의 유례 없는 대북제재 속에서 북한은 살아남을 길이 없는 것처럼 보였다. 북한은 폐쇄 경제라고 알려져 있지만 실제로는 국내총생산에서 무역 비중이 절반에 달하고, 해외 인력 송출 등으로 국가 경제를 뒷받침하고 있다. 북한의 외화가 고갈되고 물자 수입이 어려워지면 북한 국내 생산과 소비가 마비되는 것은 불 보듯 뻔한 일이었다. 일부 국내 언론에서는 "고난의 행군이 북한에서 재현될 것"이라며 우려하는 목소리가 나왔다. 2016년부터 시작된 초강도 제재가 장기화되면서 북한의 백기투항이 얼마 남지 않았다는 전망도 나오기 시작했다.

공공연한 비밀

초강도 대북제재 여파로 북한의 경제 성장률[7]은 곤두박질쳤다. 2016년 3.9%에서 2017년 -3.5%, 2018년 -4.1%로 추락했다.

특히 2018년 경제성장률은 지난 1997년-6.5% 이후 21년 만의 최저치였다. 북한 경제가 2007~2015년 사이 마이너스와 플러스 성장을 오가며 연평균 1% 수준의 성장을 한 것과 비교하면 제재가 북한 경제에 직격탄을 날린 것이다.

북한 전문가인 김병연 서울대 경제학부 교수는 "제재 조치 이후 북한의 경제 성장률은 한국이 외환위기 때에 기록한 경제 성장률1998년, -5.5%과 비슷하게 심각한 수준입니다"라고 말했다. 대북 제재 강도에 대해서는 이렇게 설명했다. "한국 경제 대입해 말하자면 반도체·자동차·석유화학·철강 등 간판 수출품 1~4위가 모두 막힌 상황입니다."

대북 제재로 북한의 대외 무역은 초토화됐다. 2018년 수출 규모는 전년 대비 90% 가까이 줄었다. 북한 경제를 먹여살리다시피 한 광물 수출이 제재로 막힌 탓이다. 석탄과 철광석 등의 광물은 북한 수출의 절반을 책임진다. 주요 물자 수입도 차단되면서 북한 내 제조업도 타격을 받았다. 자본재 수입에 크게 의존하는 기계공업이 둔화됐고, 의

----

7 경제성장률은 한 국가의 경제발전 상황을 보여주는 가장 대표적인 지표다. 북한은 자체적으로 경제성장률을 발표하지 않기 때문에 한국은행이 발표하는 북한 경제성장률 추정치가 현존하는 가장 신뢰도 높은 통계다. 유엔에서도 한국은행의 북한 경제성장률 추정치를 차용한다.

류 가공 공장도 곳곳에서 가동을 멈췄다.

북한과 한국의 경제 체급 차이는 역대 최대 격차를 보이게 됐다. 북한의 2018년 국민총소득은 35조 9,000억 원으로 한국1,898조 5,000억 원의 53분의 1 수준으로 떨어졌다. 국민총소득을 인구로 나눈 1인당 국민총소득은 북한142만 8,000원이 한국3,678만 7,000원의 26분의 1 수준이다.

이 정도 타격이라면 북한은 버티지 못하고 백기투항해야 했다. 그러나 초강도 대북제재가 만 3년이 지나도 북한 경제가 무너질 기미는 보이지 않는다. 2020년 1월에는 북한 경제가 3년 만에 다시 플러스 성장으로 돌아섰다는 보고서까지 나왔다. 유엔무역개발회의UNCTAD는 '세계 경제 상황과 전망 2020'에서 북한의 2019년 경제성장률을 1.8%로 추정했다. 대북 제재가 북한을 흠씬 두들겨 팼지만 사망 선고를 내리지는 못한 것이다.

북한은 장기화되는 제재 속에서 '생존의 길'을 찾아낸 것처럼 보인다. 북한 내부 경제 상황은 제재 속에서도 안정세를 유지하고 있다. 마치 폭우 속에서 우산을 쓰고 걷듯 몰아치는 외부 상황 속에서도 북한 내부의 변화는 제한적이다. 북한 경제의 바로미터인 시장장마당 물가는 제재 이후 안정세를 지속했다. 환율 안정세도 이어져 2016년 이후 북한 장마당 환율[8]은 1달러에 북한 원화 8,000~8,300원 사이를 유

---

8 북한이 발표하는 공식 환율은 1달러에 100~110원으로, 완전히 왜곡돼 있어 장마당 환율이 실제 통용되는 환율이다.

그래프1. 1990~2018년 북한의 경제성장률(단위: %)

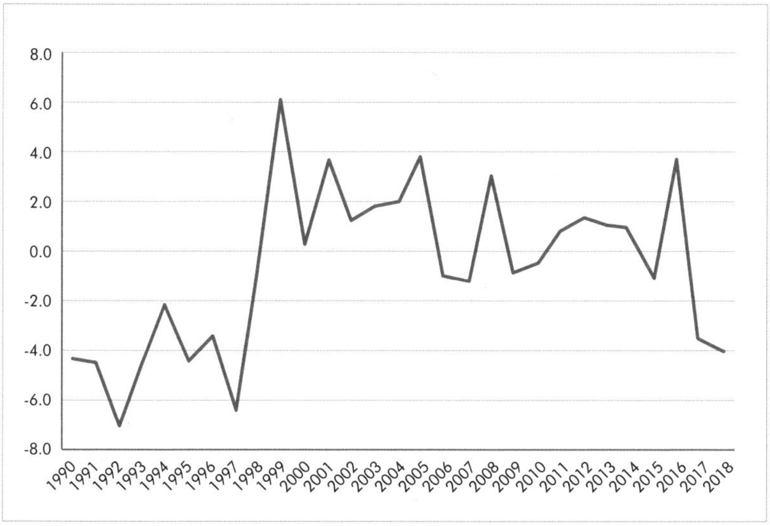

자료: 한국은행 경제통계시스템

지했다. 휘발유·경유 등 정제유 가격은 2017년 급등했다가 다음해에 원상 복구됐다. 북한은 휘발유와 경유를 100% 수입에 의존하고 있기 때문에 가격이 원래의 수준으로 돌아왔다는 것은 공급 문제를 외부로부터 해결했다는 의미다. 정형곤 대외경제정책연구원 선임연구원은 '2019북한의 대외무역 평가와 전망: 대북제재 효과를 중심으로' 논문에서 "북한 내 물가가 안정적인 상황이 풀리지 않는 수수께끼"라고 평가했다.

북한이 아주 오랫동안 강도 높은 제재를 버틸 수 있다는 목소리도 있다. 이종석 전 통일부 장관세종연구소 수석연구위원은 "대북 제재가 지

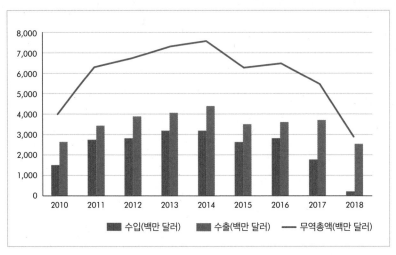

그래프2. 2010~2018년 북한의 무역 규모 변화

자료: 통계청, https://kosis.kr, 검색일:2019.10.20

속되면 북한 경제 발전에 심각하고 부정적인 영향을 주기는 하겠지만, 북한이 '하루 세끼'를 근근이 먹고 버틸 수 있는 마지노선을 무너뜨리지는 못합니다"라고 말했다. 노동당 기관지 노동신문은 2020년 2월 8일 '백두산정신으로 정면돌파전의 진격로를 힘차게 열어젖히자'는 제목의 호소문을 게재했다. 거기에 이런 말이 나온다.

> "적대세력들이 제재를 백번, 백년 하겠으면 하라. 투철한 자주정신이 있는 한 당장은 경제적으로 화려하게 변신하지 못해도 얼마든지 소리치며 잘 살 수 있다."

중국이 차지하는 비중 95.7%

북한은 어떻게 초강도 제재 속에서 살아남을 수 있었을까? 중국이 북한의 돈줄이 됐기 때문이다.

제재 속에서 북한의 대외 무역은 대중 무역이라고 봐도 될 수준이다. 2018년 북중 무역액은 27억 2,000만 달러로 북한 전체 무역액의 95.7%를 차지했다[9]. 전년보다 1% 포인트 늘어난 수치다. 한 나라의 대외 무역액에서 특정 국가와의 무역액 비율이 30%가 넘으면 '의존 상태', 70% 이상이면 '종속 상태'로 본다. 냉전 시기에 핀란드가 대외 무역의 30%를 소련에 의존하면서 소련의 정치외교 압박에 시달리기도 했다. 북한의 대중 무역의존도 95.7%는 북한 경제가 제재 국면에서 중국에 전적으로 의존하고 있다는 사실을 의미한다.

북한의 대외무역에서 중국을 제외한 다른 나라와의 교역량은 미미한 수준이다. 러시아가 북한의 교역 상대 2위지만 차지하는 비중은 1.2%에 그친다. 북한의 상위 교역국인 인도, 파키스탄, 스위스, 방글라데시, 독일, 가나, 브라질 등이 차지하는 비중은 0%대에 불과하다.

북한이 처음부터 대외 무역을 중국에 의존한 것은 아니다. 남북 교역량을 제외하고 보면, 1980년대부터 2001년까지 일본이 북한의 1위

---

9 코트라(한국무역진흥투자공사)가 2019년 5월 발표한 '2018년도 북한 대외무역동향' 보고서. 통계에 원유 수입 추정치 3억 1,000만 달러가 포함됐다. 중국 세관의 공식 통계로는 2014년부터 북한의 대중국 원유 수입이 제로(0)로 나타나고 있으나 연간 3억 1,000만 달러 상당의 원유 50만 톤을 무상, 혹은 차관 형태로 지원받는 것으로 추정된다.

교역국이었다. 북한은 다른 나라와의 무역 규모를 키우며 대일 무역액이 전체 무역액에서 차지하는 비중을 줄여갔다. 2005년 북한은 130국에 수출하고 99국으로부터 수입했다. 193개의 유엔 회원국 가운데 3분의 2와 거래한 것이다.

그러나 북한의 반복된 도발로 주요국과의 무역이 끊기면서 상황이 달라졌다. 자의 반 타의 반으로 대중 무역에 의존하는 무역 구조로 전환하게 된 것이다. 2006년 일본은 북한산 상품 수입을 중단했고, 2009년에는 일본산 상품의 북한 수출을 중단했다. 미국은 2008년 테러지원국 명단에서 북한을 뺐다가 점차 대북 압박을 강화해갔다. 방점을 찍은 사건은 2017년 11월 방북 대학생 오토 웜비어의 사망과 김정남 암살 사건이다. 미국은 이를 계기로 북한을 테러지원국으로 재지정했다. 이후 미 재무부·상무부 등에서 연속적으로 대북제재 관련 행정조치미국 행정부가 미국법에 근거하여 발동하는 것으로 안보리 대북제재와 별개를 발동했다. 역대 미국 행정부 대북제재 470여 건 중 절반이 트럼프 정부에서 나왔다.

결정적으로 2010년 한국의 대북제재인 5·24 조치가 북한의 대중무역 의존도를 극적으로 높였다. 비슷한 시기에 중국의 동북지역진흥전략도 추진되면서 남북 무역이 북중 무역으로 대체됐기 때문이다. 실제로 5·24조치 시행 이후 북중 무역 규모가 급증한 것으로 나타난다. 2005년 북한 전체 무역액에서 30% 정도를 차지하던 대중 무역액은 2010년 80%대에 이르렀고, 2016년에는 90%를 돌파했다. 그

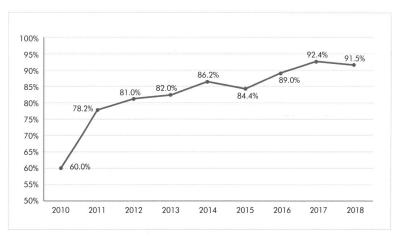

그래프3. 북한의 대중무역 의존도 변화*

자료: UN Comtrade *2009년 8월~11월의 무역통계는 누락

표2. 북한의 1위 교역국 변화(한국 제외)

연도	수출	수입
1988~1990	일본	일본
1991	멕시코	일본
1992	일본	중국
1993	중국	중국
1994~2000	일본	중국
2001	일본	일본
2002~2018	중국	중국

자료: UN Comtrade[10] , KOTRA

---

10 한국과의 교역 데이터는 제외됐다. UN Comtrade데이터에 따르면 2006년과 2007년 북한의 수출 1위 국가는 인도와 앙골라지만, 대한무역투자진흥공사(KOTRA) 데이터를 참고하면 이 기간 수출 1위국은 중국인 것으로 보인다.

에 반해 남북 무역액은 빠르게 줄어들다 2016년 2월 10일 개성공단 폐쇄로 교역이 끊겼다.

주요 교역국들과 거래가 끊긴 북한은 역설적으로 초강도 제재에 대비하게 됐다. 국제사회 제재는 주도 국가와 대상국의 경제 거래가 활발할수록 효과가 높다. 빼앗을 것이 많을수록 상대가 겁을 먹기 때문이다. 북한은 중국의 '우산' 속에 경제를 편입시킨 덕분에 제재 국면에서 눈치 볼 나라가 중국뿐이다. 아무리 미국이 고삐를 조이고 다른 나라들이 북한을 외면해도 우방인 중국만 북한과 거래를 이어가 준다면 제재에 무너질 일은 없는 것이다.

중국은 초강도 제재에 구멍을 내면서까지 북한과 거래를 이어가고 있다. 대외적으로는 대북제재에 동참한다고 밝히면서도 소극적인 태도를 보이며 제재를 느슨하게 풀어주는 것이다. 2016년 중국은 상무부 고시를 통해 북한의 주력 수출품목에 대한 수입 금지 조치를 가했지만, 북중 접경 지역에서는 양국 간의 밀거래가 성행했다. 북한 주민들은 생계를 위해서, 중국 상인들은 차익이 큰 돈벌이를 위해서 감행했다. 1,334km의 길고 긴 국경선에서 벌어지는 일들은 중국 정부가 막을래야 막을 수도 없는 것이기도 했다.

무역이 아닌 다른 경로를 통해 북한에 돈줄을 대기도 한다. 중국내 불법 체류 중인 북한 노동력 단속을 느슨하게 하고, 대북제재 대상이 아닌 관광업에서 북중 경협을 크게 확대하며 북한이 외화를 벌 수있게 돕는 식이다. 북한 내부 발전에 반드시 필요한 유류와 각종 물자도 중국에서 조달한다. 북한은 에너지의 90%, 공산품의 72%, 외부 자본 유치액의 80%를 중국에 의존하는 것으로 알려졌다.

중국이 북한을 지원하는 이유는 명백하다. 한반도 비핵화도 중요하지만, 어디까지나 북한의 체제 유지가 최우선이기 때문이다. 북한이 무너지면 중국에 탈북민들이 몰려들어 큰 혼란이 생기고, 북한이 사라진 압록강 국경에서는 미군과 마주해야 한다.

낙후한 중국의 북한 접경 지역들이 빠르게 발전하려면 북한과의 경제 교류가 필수라는 인식도 작용했다. 북한과 인접한 중국의 동북 3성은 중국 최동북에 위치한 지린성, 랴오닝성, 헤이룽장성 3개 성省을 말한다. 중국 전체 인구의 약 8%를 차지하는 1억 595만 명이 살지만, 중국에서 가장 낙후한 지역으로 꼽는다. 과거에는 중국 중화학공업의 요충지였으나 중국의 경제 구조 변화와 대북 제재 강화 등으로 지역 경제가 망가졌다. 이들 지역에게 북한은 경제 발전의 돌파구다. 북한으로부터 싼 값에 사들이는 광물과 노동력이 늘어나면 지역 경제 발전의 중요한 연료가 된다. 또한 동북 3성을 북한과 연결하면 태평양과 한국으로 뻗어나갈 수 있어 고속 성장의 발판이 된다.

중국 중앙정부는 소외된 동북 3성의 경제 발전을 위해 '동북진흥전략'을 내세워 이들 지역과 북한의 경제협력을 장려하고 있다. '북한을 찍어 눌러봐야 반항할 뿐이다' 싶으니 경제 교류를 늘려 돈도 벌고 대북 영향력도 키우겠다는 계산도 읽힌다.

물론 북한이 중국 외 다른 나라에서 벌어들이는 돈이 아예 없는 것은 아니다. 북한 노동자를 러시아, 중동 등 다른 나라에 파견하거나, 평양 주재 해외 기관의 달러 송금, 북한 직접 투자 유치의 방법이 있다. 무기 판매, 마약 거래, 해외 금융기관 해킹 등 불법 경로도 있다. 그러나 이러한 방법들은 국제 정세에 영향을 많이 받고 외화 수입 규모 예측이 어렵다. 결국 중국이 북한의 대체 불가한 돈줄이다.

피와 살을
상납하는 북한

북한은 중국의 자원 공급처로 전락하고 있다. 북한 경제의 대중 의존도가 높아 중국의 광물 수출 요구를 거부하기 어렵고, 광물을 팔아야 외화를 대량으로 벌어들일 수 있기 때문이다.[11] 최근까지도 북한 대중 수출액의 절반 이상을 광물 수출액이 차지했다.[12] 북한에는 몰리브덴 같은 희귀 금속을 비롯해 흑연·중정석·운모·형석·은·철·납·아연 등 200여 종의 경제 가치가 높은

---

11 2017년부터 한층 강화된 대북 제재로 현재는 북한의 광물 대부분이 수출 금지 대상에 올랐다.

12 한국무역협회 통계에 따르면, 북한의 대중 수출액에서 광물이 차지하는 비중은 2010년 57.1%, 2011년 65.1%, 2012년 64.4%, 2013년 63.2%, 2014년 53.7%, 2015년 52.4%, 2016년 54.9%다.

광물이 풍부하게 매장돼 있어 중국이 눈독을 들인다.[13] 북한이 제재에서 살아남기 위해 중국에 상납해야 할 피와 살이다.

북한의 최대 수출품

"북한이 중국에 가장 많이 수출하는 품목이 뭐냐고요? 피 같은 광물 자원이죠."

2019년 7월 중국 지린성 옌지에서 옌볜延邊텐츠天池공사 장 경리를 만났다. 국내中國 영업부 책임자인 그는 50대 한족 남성이다. 대학 졸업 후 금속 가공 공장 영업사원으로 일하다 2000년대 초반에 텐츠공사에 들어왔다. 텐츠공사는 중국에서 대북 거래 규모가 가장 큰 기업 중 한 곳이다. 매년 약 100만 톤의 철광석[14]을 북한 함경북도 무산철광에서 수입해 중국 랴오닝성, 지린성, 헤이룽장성東北 3省에 팔고 있다.

"텐츠공사는 매년 120만 톤 정도의 철구鐵球를 생산하는데 원료 대부분을 북한산 철광에 의존해요. 북한에서 함량 66%인 철광석을 들여와 중국 지린성 허룽의 공장에서 함량 67.5%의 철구로 재가공하지요."

대북제재로 북한산 광물 수입이 금지되지 않았느냐고 물어봤더니

---

13 북한 지하자원의 가치는 한국 지하자원의 24배 수준인 6,000~7,000조 원에 달하는 것으로 추정된다.

14 일부는 북한에서 철분으로 가공해 중국으로 들여오기도 한다

장 경리는 "2018년 5월쯤부터 북한산 철광석을 수입하지 않고 있습니다"라고 말했다. 제재 이후에도 수입을 강행하다가 최근에서야 중단한 것이다. 유엔 안보리는 2017년 8월 결의에서 북한산 석탄·철·철광석 등 광물 수출을 전면 금지했다.

"요즘 들어 북한산 철광석을 못 사오니 회사로서는 타격이 커요. 지린성에서 캐는 철광석은 양이 턱없이 적어 공장 한 달 돌리기도 버겁거든요. 어쩔 수 없이 러시아에서 철광석을 수입하기 시작했지만, 곧 다시 북한산을 조달할 방법을 찾겠지요."

장 경리는 북한산 철광석의 장점으로 가격을 꼽았다. "북한산의 현 시세는 한 톤에 900위안약 15만 원인데 다른 나라 철광석에 비해 저렴한 편이에요.[15] 물론 북한 사람들도 총명해서 옛날처럼 터무니 없는 가격에 팔지는 않아요. 예를 들어 중국 허룽에서 생산하는 철광석 가격이 한 톤에 1,000위안이라고 하면, 북한은 이보다 약간 낮은 990위안, 980위안을 부르곤 하지요. 우리는 북한이 광석을 잘 가공해 품위광석 안에 들어 있는 금속의 정도를 높이길 바라지 않아요. 가공 기술이 낮아도 상관 없으니 가격이 싸야 해요."

초강도 대북제재로 북한의 광물 수출길이 막히기 전까지 북한의

---

15 북한산 철광석 수입 가격은 전체 수입 가격 평균보다 20% 미만으로 저렴한 수준이다. 2016년 기준 18.4%가 더 저렴했다.

대중 수출 1위 품목은 무연탄[16]이었다. 석탄의 한 종류인 이 품목이 북한 광물 수출 총액의 약 80%를 차지한다. 중국이 세계 1위 석탄 소비국이고, 북한산 무연탄이 중국 시장을 독점했기 때문이다. 2016년 기준 북한산 무연탄의 중국 시장 점유율이 79.7%에 달한다. 2012년 이전에는 베트남이 중국에 가장 많은 무연탄을 수출하는 국가였지만, 수출 구조를 제조업 중심으로 재편하고 자국 무연탄 수요 증가에 대응하면서[17] 북한이 그 자리를 대체했다.

북한산 마그네시아산화마그네슘도 중국 시장을 독점하고 있다. 마그네시아의 원료인 마그네사이트는 소수 국가에 매장량이 집중돼 있는데 북한의 매장량은 4억 5,000만 톤으로 러시아매장량 6억 5,000만 톤, 중국5억 톤에 이어 3위다. 중국은 2016년 총 2,100만 달러 규모의 마그네시아를 수입했는데 이 중 북한산이 92.3%2,000만 달러를 차지했다. 북한산 가격은 1톤당 170.2달러로 일본산 가격1,608달러의 10분의 1 수준이다. 중국으로서는 값싼 북한산을 수입하지 않을 이유가 없다.

중국 전체에서 차지하는 비중은 작지만, 북한과 국경을 맞대고 있

---

16 탄화가 잘 되어 연기를 내지 않고 연소하는 석탄. 휘발분이 3~7%로 적고 고정탄소의 함량이 85~95%로 높다. 따라서 연소 시 불꽃이 짧고 연기가 나지 않는다

17 베트남산 무연탄의 중국 무연탄 시장 점유율은 2015년에는 3.0%, 2016년에는 1.7%로 크게 하락했다.

는 중국 지방 도시에서 독과점을 보이는 북한산 광물도 있다.[18] 철광
석과 연광석이 대표적이다. 2016년 기준 지린성의 북한산 철광석 수
입 비중은 83.6%고, 랴오닝성의 북한산 연광 수입 비중은 99.7%에 달
한다.

북한 광산 수집하는 중국

중국은 북한 광물 수입을 넘어 북한 광산 개발에도 적극적으로 뛰
어들고 있다. 대외경제정책연구원에 따르면, 2000~2015년 중국의 대
북투자에서 60% 이상이 광업 분야에 집중된 것으로 나타났다. 광업
분야와 연계된 인프라와 화물 분야 투자까지 합치면 대북 투자에서
광업이 차지하는 비중은 최대 70%로 추정된다. 함북 무산철광을 비
롯해 평남 용흥 몰리브덴 광산, 평북 선천 금광, 평북 은파 아연 광산,
평북 용문 탄광 등이 북중 간에 공동 개발을 합의하거나 개발 계약을
맺은 곳이다. 2004년 이후 이런 광산들이 20여 곳에 달한다.

한반도 최대 구리 광산인 북한 양강도의 혜산 광산도 중국 손에 넘
어갔다. 중국 완샹그룹과 북한의 혜산청년광산이 공동으로 '혜중광
업합영회사'를 설립해 2011년부터 운영하고 있다. 매년 품위 40%의
구리 광석 6,000톤을 생산해 중국으로 반입한다. 2019년에는 평양 철

---

18 2016년 기준으로 중국은 53억 7,700만 달러 어치의 철광석을 수입했는데 북한산은 이
중 2.4%(6,500만 달러)에 불과했다. 철광은 세계 각국에 분포돼 있어 중국은 호주와 중
앙아시아 등 여러 나라에서 철광석을 수입하고 있다.

표3. 중국이 수입하는 주요 북한산 광물(2016년 기준)

품목	수입 금액(달러)	중국 전체 수입량에서 차지하는 비중	중국 특정 지역 시장에서 차지하는 비중
석탄(무연탄)	11억 7,700만	79.7%	중국 독과점
철광석	6,500만	1.2%	84.8%(지린성)
연광	6,200만	7.6%	97.5%(랴오닝성)
아연광	5,100만	6.4%	29.7%(랴오닝성)
마그네시아 (산화마그네슘)	2,000만	96.6%	중국 독과점

자료: KITA

산군 희토류 광산 채굴권 놓고 북중이 협상을 벌이기도 했다. 북한은 중국이 태양광 발전소를 건설해주면 채굴권을 대가로 주겠다고 제안했다고 한다.

중국의 북한 광산 투자는 MOU 체결에 머물거나 소규모 채광에 그치고 있지만 가볍게 볼 일은 아니다. 선점 효과가 크기 때문이다. 향후 북한 경제가 개방되고 운송로가 정비되면 중국이 각종 계약을 근거로 한국을 제치고 개발 우선권을 갖게 될 가능성이 높다.

북한 최대 철광산을 독점하는 방법

북한은 경제가치가 높은 광물을 헐값에 내다팔고 싶지 않아한다. 그러나 중국의 요구를 무시할 수 없어 줄다리기를 하며 조건을 협상한다. 아시아 최대 노천 철광인 북한 무산철광 채굴권을 둘러싸고 북중이 2005년부터 벌인 협상이 대표적인 사례다.

중국은 2006년 북한과의 세 차례 협상 끝에 무산철광 50년 채굴권을 획득했다. 규모가 큰 계약인 만큼 중국 측에서는 톈츠공사, 통화通化강철그룹, 중강中鋼그룹이 컨소시엄을 구성해 협약을 체결했다. 중국은 총 투자금 70억 위안약 1조 2,000억 원을 내기로 했다. 이중 50억 위안은 광산 개발을 위한 기계 설비 투자에, 20억 위안은 통화―무산을 잇는 도로, 철도 등 인프라 투자에 쓰기로 약속했다. 투자 회수 방식은 매년 1,000만 톤의 철광석을 생산해 중국으로 가져가는 것이다.

중국은 철광석의 안정적 확보가, 북한은 방치된 무산철광의 생산 정상화가 목표였다. 당시 중국은 늘어난 국내 철광석 수요와 높아진 국제 광물 시세로 북한산 광물 확보에 관심이 높았다. 특히 무산철광은 중국 지린성의 통화강철집단에서 가까운 거리약 270km에 있어 물류 운송이 쉬웠고, 철광석 품위 또한 35% 수준으로 경제성이 높았다.

북한은 대규모 광산 투자와 기술 지원이 시급한 상황이었다. 당시 무산철광은 채광, 운광 설비 낙후로 제대로 가동되지 않았다. 평균 가동률은 30%에도 미치지 못했고, 노천 채굴 능력은 2000년 990만 톤에서 2004년 660만 톤연정광 200만 톤으로 떨어져 있었다. 굴착기 등 채광설비는 물론이고 철광석을 실어 나를 대형트럭, 기름도 부족했다.

당시 무산 철광 투자에는 두 가지 방식이 있었다. 첫 번째는 채굴권을 얻어 독자적으로 광산을 경영하는 것, 두 번째는 채굴권 없이 투자 비율에 따라 채광 이익을 갖는 것. 당연히 중국은 채굴권을 원했다. 안정적으로 광물을 공급받기 위해서였다. 그러나 북한은 경제적으로 가치가 큰 아시아 최대 노천 철광을 중국에 호락호락 내줄 수 없었다. 채굴권을 주지 않는 합작 방식만 허용하겠다고 나섰다. 합작은 광물을 캐서 번 돈으로 중국의 투자금을 이자까지 쳐서 갚는 방식이다. 다시 말해 중국으로부터 투자는 받되 광산 사용 권리는 주지 않겠다는 이야기였다.

다른 주요 사안에서도 중국과 북한의 이해관계가 갈렸다. 중국은 광석만 안정적으로 공급되면 가공이 안 된 원광석도 괜찮다는 입장이었지만, 북한은 중국의 투자를 계기로 정광 능력을 높이고 김책제철소의 정상화를 원했다. 중국은 내륙으로 광물을 운송하는 철도와 거점 공장을 계획했지만, 북한은 무산—청진철도 보수공사, 청진항 수송설비 개선을 요구했다.

처음에는 중국이 협상에서 승리한 듯했다. 채굴권을 받고 북한이 요구하는 투자를 해주는 것으로 결론났다. 그러나 북한은 중국과의 협의를 이행하지 않았다. 2006년 하반기부터 무산철광에서 중국으로 운반되는 광석 규모가 지속적으로 줄었다. 북한 측은 타이어 등 트럭 부품 도난 때문에 약속된 물량 운송에 실패했다고 중국에 통보했다. 중국 측은 "북한이 거짓 평계를 대고 광석을 김책제철소 등으로 빼돌리고 있다"며 분개했다.

결국 북한과 중국은 또다시 무산철광 채굴권을 놓고 협상 테이블에 앉았다. 중국은 채굴권을 행사하지 않는 대신 투자 규모를 줄이고 단계적으로 협력하기로 했다. 2007년 텐츠공사는 북한에 1억 5,000만 달러를 투자하고 무산 철광 개발을 위한 장기 합작 계약을 체결했다. 북한 측 파트너는 흑색금속무역회사黑色金屬貿易會社였다.

텐츠공사는 이듬해인 2008년에는 평양에 새로운 회사를 세웠다. 평양국제투자합영공사平壤國際投資合營公司였다. 무산철광 개발 사업을 현지에서 관리하고 향후 채굴권을 제대로 확보하기 위한 별도 법인을 만든 것이다. 이 회사는 중국이 60% 지분을 가진 북중 합영회사로, 광산 개발과 광산 장비 위탁판매 등이 주요 업무다.

텐츠공사의 장 경리는 "솔직히 우리 회사가 지금껏 무산철광 때문에 속 썩는 일이 많았어요"라고 말했다. "돈을 주고 철광석을 사오고 있는 지금도 상황은 어렵지요. 대금을 치렀는데 광물을 안 보내준다든지, 늦게 광물을 보내면서 이미 줬던 돈을 또 요구한다든지 하는 황당한 일이 벌어져요. 그렇지만 무산철광에 가본 저희 회사 동료들은 북한이 건방지게 구는 게 이해가 간다고 해요. 아시아에서 제일 큰 노천 철광답게 그 크기가 가늠하기 어려울 정도고, 보는 사람을 압도한다고 해요. 우리 회사가 언젠가는 그 광산을 원 없이 갖다 쓸 테니 지금의 불쾌함을 감내하고 거래를 이어가는 거지요."

"북한에서 채굴권을 안 주려고 하지 않나요?"

내 질문에 장 경리가 답했다. "이미 계약상 받기로 한 것이니 언제고 받으면 될 일이에요."

북한이 중국에 파는 것들

광물 외에 북한이 중국에 수출하는 주력 품목은 무엇이 있을까? 유엔 안보리의 대북 제제 대상 품목을 뒤집어 보면 된다. 북한의 주요 외화벌이 수단을 나열한 리스트이기 때문이다.

안보리 결의 2,371호^{2017년 8월}는 북한의 석탄, 철과 철광석, 납과 연광 등 광물과 수산물 수출을 금지했고, 2,375호^{2017년 9월}는 섬유 수출을 차단했다. 광물을 제외하면 의류, 수산물이 북한의 핵심 수출 품목인 것이다.

2017년 1~4월 전체 무역액^{6억 달러}을 살펴보면 무연탄 수출액이 2억 2,000만 달러^{36.7%}로 1위고, 남녀 재킷과 바지 등 의류가 2위, 수산물의 한 종류인 가리비과 조개가 7위다.

북한은 중국 지역 특성에 따라 주력 수출하는 품목을 달리 한다. 대규모 철강회사가 있는 지린성에는 광물을, 수산물 가공 공장이 많은 랴오닝성 단둥에는 수산물을 주로 수출한다. 산지와 가까운 지역에 특정 수출품을 몰아주기도 한다. 철광석은 함경북도 무산군과 가까운 지린성 허룽시 난핑으로, 동은 양강도 혜산시와 마주보는 지린성 창바이현으로 운반되는 식이다.

유엔은 북한 광물과 수산물 수출 금지로만 연간 10억 달러의 외화 자금 차단 효과가 있을 것으로 추산했다. 제재 이전 북한의 연간 수출액 규모가 약 30억 달러로 추정되니 주요 품목 수출 제한만으로 3분의 1의 수출액이 증발한다는 뜻이다. 유엔 안보리는 가장 최근의 대

표4. 북한 주요 수출품 순위(2017년 1~4월)

순위	품목	수출액
1	무연탄	2억 2,000만 달러
2	의류(합성섬유 재질)	5,860만 달러
3	철광	5,691만 달러
4	연광	2,976만 달러
5	비합금선철	1,423만 달러
6	유도자(인덕터)	949만 달러
7	가리비과 조개	857만 달러

자료: 중국 해관총서

북제재 결의인 2,397호2017년 12월에서는 북한의 농산품·기계·토석·목재·선박의 수출을 추가로 금지했다.

북한이 중국에 수출하는 또 다른 '주력 품목'은 인력이다. 러시아, 중동 지역에도 수만 명이 파견돼 있지만, 중국에 가장 많은 7만~8만 명한국무역협회 추정의 북한 노동자들이 일하고 있다. 이들이 매년 벌어들이는 외화가 2억~3억 달러에 달하는 것으로 추정된다. 대북제재는 북한의 인력 수출도 빈틈없이 막았다. 유엔 결의안 2,371호2017년 8월는 해외 노동자의 신규 송출을 금지했고, 2,397호2017년 12월는 유엔 회원국들에 파견된 북한 노동자들을 24개월 이내에 북한으로 돌려보내도록 했다.

중국이 북한에 파는 것들

북중 무역에서 북한은 피와 살을 내다 팔지만, 중국은 시중에서 쉽게 구할 수 있는 품목들을 공급한다. 북한이 대북제재로 물자 수입이 어려워지자 중국이 그 수요를 채워주며 수지 맞는 장사를 하는 것이다. 톈츠공사 장 경리는 "북한에서 철광석을 수입할 때 현금 결제가 아닌 물물교환도 많이 했어요. 가격을 계산해서 그 금액만큼의 식량, 비누, 옷, 휘발유, 디젤유, 비료 등을 트럭에 실어 보내줬지요"라고 말했다.

중국이 북한에 가장 많이 수출하는 것은 단연 유류다. 코트라가 2019년 7월 발표한 2018년도 북한 대외무역 동향 보고서에 따르면, 2018년 북한의 최대 중국 수입품은 원유, 정제유였다. 총 3억 6,000만 달러 규모로, 북한 전체 수입액의 13.7%를 차지한다. 중국 세관은 2014년부터 북중 무역 통계에서 원유의 대북 수출을 '0'으로 발표하고 있지만, 실제로는 매년 약 50만 톤을 북한에 무상 또는 차관 형태로 지원하고 있는 것으로 알려졌다.

유류 외에는 건설 관련 품목이 가장 많이 수출된다. 2012년부터 평양을 중심으로 시작해 지방으로 확산된 북한의 건설 붐 때문이다. 북한에서 건축 필수 자재는 원래 시멘트·철근·목재 정도였는데 이제는 타일·욕조·조명·대리석까지 필수품으로 친다. 북한에서 초고층 고급 아파트가 늘어나면서 값비싼 건축 자재 수요도 커졌다.

보일러도 중국이 가장 많이 북한에 수출하는 품목이다. 2000년대 중반부터 매년 중국의 대북 수출품 2~3위에 오르고 있다. 전자기기 수출도 활발하다. 북한이 가전 등 전자제품 대부분을 중국산에 의존하기 때문이다.

차량은 2005년부터 지속적으로 대북 수출 상위권에 오르는 품목이다. 김정은 정권이 들어선 이후 버스, 트럭, 택시 등 운송수단이 크게 늘어난데다 북한의 고급 승용차 수요도 늘었기 때문이다. 인조필라멘트섬유는 2003년부터 상위권에 들기 시작해 2017년에는 4위에 올랐다. 인조필라멘트섬유는 의류 임가공에 사용되는 원료다. 북중간 의류 임가공 무역 규모가 커지면서 북한이 원자재 수입을 늘린 것이다.

이 광고는 북한이 봅니다

단둥에서 발간되는 한글 무료 월간 광고잡지 〈메아리〉는 100페이지가 넘는다. 2,000위안약 34만 원짜리 전기장판, 한국 유명 브랜드 전기밥솥, 다롄 시내의 치과 등 온갖 제품과 가게를 광고한다. 한 페이지 광고료는 600위안약 10만 900원이다.

3년째 이 잡지에 회사 광고를 내고 있는 한인 대북 사업가 A씨는 "이 잡지가 바로 북한에 들어가는 잡지입니다"라고 말했다. 그의 말에 따르면 이 잡지를 보는 사람들은 단둥 현지인이 아니라 중국에 물건 사러 나오는 북한 무역상이라는 것이다.

"북한 무역상들이 돌아갈 때 꼭 챙겨가는 잡지가 〈메아리〉입니다.

자기들이 관심 있는 제품의 광고 페이지를 찢어서 들고 가지요. 그리고 북한에서 상부와 의논해 뭘 살지를 정한 다음 손 전화기_{중국에서 개통}^{한 휴대폰}로 판매처에 전화를 합니다. 파는 사람이 '물량이 몇 컨테이너 있고, 단가가 얼마다' 알려주면 북한 무역상이 주문을 넣지요."

북한에서 군이 한글 잡지를 보는 이유는 한국산 제품이 북한에서도 인기가 좋기 때문이다. 북한에 중국 물건을 파는 다롄 거주 북한 화교 리씨는 "북한 사람들은 중국에 오면 한국산을 많이 찾아요"라면서 "신발, 옷과 같은 생필품은 물론이고, 유명 브랜드 가구와 전기밥솥, 믹서기까지도 한국 브랜드가 인기 있지요"라고 말했다.

북한에서 필수 혼수품으로 불리는 '5장 6기'도 한국산을 선호한다. 5장이란 옷장, 장롱, 찬장, 책장, 신발장이고, 6기는 TV, 세탁기, 녹음기, 냉장고, 재봉기, 선풍기다. 여기에 부탄가스 '맥선'과 소형 발전기도 인기가 높아 북한 무역상들이 많이 찾는다.

사기 싫어도 사는 '메이드 인 차이나'

중국이 북한의 물자 구입 창구이기 때문에 북한이 겪는 고충도 있다. 2019년 7월 단둥에서 만난 북한 무역상 류 사장은 "중국제는 사기 싫어도 사야죠"라고 말했다. 그의 이번 출장 임무는 발전소 관련 설비를 중국에서 사오는 것이었다. 상하이, 난통, 충칭을 차례로 가야 하는 험난한 출장길이었다.

"지금 조선^{북한}에 수력 발전용 발전소를 건설하고 있습니다. 나는 발전소에 필요한 모든 장비들, 그러니까 발전 회전자, 고정자 같은 걸 중국에서 사서 조선에 도입해야 한단 말입니다. 그냥 저희^{북한} 마음대로 만들면 판친다^{망친다}는 말입니다. 우리 실정에 맞는 그러한 발전기가 돼야 하니 중국에서 설비를 사고 설계를 논의하려는 거지요."

류 사장은 머뭇거리면서 말을 이어갔다.

"그런데 중국에서 발전기 설비를 사는 것이 조선 입장에서는 손해예요. 중국 발전기는 효율이 다른 나라 제품의 3분의 2밖에 안 나옵니다. 일본, 미국에서 만든 발전기가 성능이 훨씬 좋습니다. 굳이 말하자면, 중국 물건은 껍데기^겉는 와데데^{화려}하고 속은 비었습니다. 중국이 세계적인 기술을 다 들여오면서 정작 연구는 제대로 안 하는 것 같아요. 뭘 큰 돈 들여서 가져오면 이것이 왜 좋은 것인지 분석해야하는데 중국은 분석력이 약하다는 말입니다. 중국에서 발전기 설비를 살 수밖에 없긴 한데, 중국 기술자들이 기술 지원을 해준다고 해도설명을 잘 못하니 조선에서 답답해 합니다."

류 사장은 한마디를 덧붙였다. "조선이 의지할 나라가 중국밖에 없으니 할 수 없긴 하지요."

북한의 기축통화는 위안화와 달러

북중무역에서는 중국 돈^{위안화}과 미국 돈^{달러}이 쓰이고, 북한 화폐는 통용되지 않는다. 물물교환도 흔하다. 북한으로부터 광물과 수산물 등을 수입해 오거나, 의류 등을 위탁 가공할 때 중국 측 무역회사가 돈 대신 설비와 자재를 준다. 대부분 북한의 요구로 이뤄진다. 북한이 먼저 중국이 눈독 들이는 금광, 몰리브덴 등으로 지급할 것을 제안하기도 한다. 중국 측은 북한으로부터 물건을 수입하는 동시에 수출을 통해 이윤을 챙길 수 있어 물물교환을 꺼리지 않는다.

물물교환이 가장 많은 곳은 단둥-신의주 권역이다. 북한 무역회사가 중국에 상품을 수출하고, 대금 대신 해당 기업의 생산기지를 가동시키는 데 필요한 원자재와 자본재 등을 요구한다. 창바이-혜산, 옌지, 투먼-나선의 경우는 현금을 더 선호한다. 중국에서 보내는 물건의 질을 담보하기 어렵고, 지역 내 소규모 밀무역이 활성화돼 있어 돈만 있으면 물건 조달이 쉽다는 이유에서다.

북중 무역에서는 규모가 큰 거래는 은행 결제로, 소규모 거래는 현금 거래를 주로 한다. 은행을 통해 결제를 할 때는 국제 무역에서 통용되는 신용장을 작성하기도 하지만, 보통은 두 가지 방식으로 이뤄진다. 첫 번째는 북한이 지정한 해외계좌로 송금하는 것이다. 계좌는 홍콩, 마카오, 싱가포르 등 중화권 국가에 개설한다. 현재는 대북제재로 이러한 은행 거래가 크게 감소했다. 두 번째는 중국에 사무소가 있는 북한의 은행 지점을 이용하는 것이다. 중국기업이 북한 은행 지점에 대금을 직접 예치해도 되고, 북한 은행이 지정한 중국 은행 계좌에 넣어도 된다. 이 과정에서 은행은 단순히 현금을 보관하는 제한적인 역할만 맡는다.

현금 거래도 많다. 지린성 옌지에서 북중 무역에 종사하는 진 사장은 "북중 간 거래에서 현금이 선호되는 이유는 북한 탓"이라고 말했다. 북한에 믿을 수 있는 은행이 적은 것도 문제지만, 북한의 무역회사들이 거래 금액이 투명하게 공개되는 은행 거래를 꺼려한다는 것이다. 현금을 주고 받아야 장부를 조작해 윗선이 일부 금액을 빼돌릴 수 있다는 설명이다. 결제 대금으로 현금을 전달할 때는 보통 인편으로 전한다. 단둥의 경우, 몇 분만에 현금이 전달된다.

대금 결제 시기는 중국기업과 북한기업에 적용되는 룰이 다르다. 중국기업은 한 달 정도 기간을 두고 결제해도 되지만, 북한기업은 거래 즉시 결제해야 한다. 북중무역에서 누가 우위에 놓여 있는지를 보여주는 대목이다.

거래는 막아도 뚫린다

국제사회가 대북제재를 반복할수록 깨닫게 되는 진실은 하나다. '중국과 국경을 맞대고 있는 한 북한은 무너지지 않는다.' 2016년부터 시작된 초강도 대북제재는 북한의 주요 수출품을 팔 수 없게 하고, 필요한 물품을 수입할 수 없게 했다. 북한 노동자들은 본국으로 송환하도록 했다. 그러나 중국은 북중 국경의 밀무역과 북한 노동자 불법 체류를 눈 감아주고, 필수 물자를 넉넉하게 제공하고 있다. 통계에 잡히지 않는 북중 간의 거래가 북한의 생명선이 된 것이다.

금 밀수꾼이 된 대북사업가

2019년 8월, 중국 지린성 옌지시에서 만난 왕王 사장은 술잔을 기

울인 지 한 시간 만에 자신의 대북 사업 이야기를 시작했다. '구찌gucci'
의 복제품인 'guccl' 로고가 새겨진 검정색 셔츠를 입은 그는 첫인사
때만 해도 자신을 '이것저것 하고 있는 사람'이라고 소개했다.

지린성 출신 한족인 그는 2014년부터 북한과 중국을 오가며 각종
사업을 벌이고 있다고 했다. 그의 대북 사업은 시작부터 스케일이 컸
다. 1억 위안약 170억 원의 투자금을 끌어 모아 나진·선봉나선 경제특구
에 수산물 가공 공장과 시장이 접목된 '수산물 센터'를 지었다. 그가
북한에 살다시피 하면서 센터의 완공을 이끌었다.

초기 투자가 적지 않았지만 사업 성공은 예견된 것처럼 보였다. 왕
사장은 "일단 센터가 가동되면 원금 회수는 순식간"이라고 말하고 다
녔다. 중국의 투자자들도 재촉하는 법 없이 느긋했다. 북한의 수산물
가격은 중국산의 3분의 1 수준이고, 거의 다 자연산이라 중국 내 수
요가 컸기 때문이다. 특히 북한의 수산물 가공 경쟁력이 높게 평가됐
다. 북한 노동자의 월급은 중국 2~3선 도시 노동자의 10분의 1 수준
인 150위안약 2만 6,000원, 중국 기업이 북한 측에 추가로 내는 금액을 합해도 최대 13만 원
선인데다 인력 수급도 원활했기 때문이다.

그러나 예상치 못한 일이 일어났다. 2016년 북한이 4차 핵실험을
했고, 장거리 로켓 광명성호를 발사했다. 국제사회의 대북제재는 곧
장 북한의 주요 수출품을 겨냥하기 시작했다. 2017년 8월 유엔 안보
리는 북한의 수산물 수출을 금지했다. 왕 사장의 수산물센터는 문을
열자마자 직격탄을 맞았다. 수산물 가공 공장은 시험 가동 후 멈췄고,

수출을 염두에 두고 조성한 대규모 수산물 시장은 북한에 놀러 오는 중국 관광객들의 점심 식사 장소로 전락했다.

왕 사장은 곧바로 살 길을 모색했다. "가만히 보니 북한의 금을 중국에 가져다 팔면 수지가 맞겠더라고. 몰래 중국에 가져가서 제련해 팔았더니 꽤 큰 돈을 벌었어."

금은 제재 대상으로 수출이 금지돼 있지만 부피가 작고 중국 내 수요가 많아 밀무역이 활성화된 품목이다. 무엇보다 북한에서는 사금을 싼값에 구하기 쉽다. 사금 채취는 북한 당국이 금지하지 않는 개인 돈벌이 수단인데다, 모래와 진흙을 퍼낼 수 있는 삽과 바가지만 있으면 누구나 할 수 있어 농민들이 부업으로 많이 하기 때문이다. 금이 많이 나는 평안남도 회창군에서는 농한기면 인근 지역 농민들이 가족들을 전부 끌고 와서 사금을 채취할 정도다. 제련된 금도 쉽게 구할 수 있다.

왕 사장은 "팔 곳만 확실하면 밀수는 어려운 일이 아니다"라고 말했다. "먼저 금광을 가루를 내서 금광분을 만드는 거야. 그 가루를 트럭 바닥에 깔고 위에 모래를 가득 담는 거지. 그리고는 모래 수입을 명목으로 중국으로 들여오면 통관에 아무 문제가 없어."

그는 "양이 많지 않을 때는 은밀한 통로를 이용하기도 한다"고 말했다. "난핑진南坪鎭, 지린성 연변조선족자치구 허룽시 안의 작은 도시에서 북한 무산군과의 거리는 가장 좁은 구간이 5m 미만이야. 자정쯤에 북한에서 사람이 직접 접경을 오가며 금이며 황옥 같은 값비싼 광석을 중국으로 옮겨."

금과 같은 귀금속을 대량으로 밀수할 때에는 '공식 루트'를 이용하기도 한다. 그는 "조선^{북한}이 국가적으로 조력해줄 수도 있다"고 했다. "조선에선 각종 자원이나 물품을 군과 당 기관 산하의 무역회사가 관리해. 그런데 내가 가격만 흡족하게 제시를 하면 그 회사들은 얼마든지 금이든 뭐든 중국까지 트럭으로 배달해 줘. 노하우가 많이 쌓였는지 국경을 뚫고 중국 가공 공장까지 다이렉트로 운송해 주더라고."

왕 사장은 "대북제재의 여파란 사실 이렇게 한계가 있는 것"이라며 말을 이어갔다. "지금 내가 수산물센터를 제대로 가동 못하니 손해를 보고 있지만, 그렇다고 돈을 못 벌지는 않아. 북한은 팔고 싶어하고 중국은 사고 싶어하니까. 북중 간의 거래는 막을래야 막을 수 없는 거지."

불법, 편법, 합법

2016년부터 시작된 초강도 대북제재는 북한의 대외 무역을 전방위로 차단했다. 주요 수출품을 팔 수 없게 하고, 필요한 수입품을 들일 수 없게 한 것이다. 그런데도 북중 양국의 국경통과지점은 매일같이 차량으로 붐빈다. 각종 물자를 싣고 다니는 북한과 중국의 트럭들, 외화벌이를 하는 북한 노동자들을 태운 버스, 북한을 찾는 중국 여행객들의 관광차들이 국경을 오가고 있기 때문이다. 북한은 어떻게 제재 속에서도 중국과 활발한 거래를 이어가는 것일까?

"불법, 편법, 합법."

북한 무역상인 류 사장은 이에 대한 답으로 세 단어를 나열했다.

"유엔 결의가 법은 아니라지만, 쉽게 리해^{이해}할 수 있도록 법이라고 표현합시다. 법을 피하는 방법은 세 가지입니다. 법을 대놓고 어기는 불법, 법의 빈틈을 이용하는 편법, 그리고 법을 따르는 합법."

내가 자세하게 말해달라고 하자 그가 말을 이어갔다.

"제재 속에서 조선^{북한}이 중국을 통해 돈을 버는 방법이 불법, 편법, 합법 세 가지라는 말입니다. '불법' 수단은 제재 위반 품목을 거래하는 밀무역, '편법' 수단은 (비자 제도의 허점을 노린) 조선의 인력 송출, '합법' 수단은 중국 관광객 유치와 제재 예외 품목의 수출 확대입니다."

류 사장은 "물론 중국의 협조가 있기 때문에 가능한 일입니다"라고 덧붙였다. 북한의 전통적 우방인 중국은 대북제재에 소극적인 편이다. 제재를 주도하는 미국 등 국가들과 입장이 다르기 때문이다. 미국은 북한을 궁지에 몰아넣어 핵무기를 폐기하도록 유도하지만, 중국은 북한의 체제 안정을 보장한 상태에서 비핵화를 추진[19]하려 한다. 그러니 북한이 제재에 갇힐 때마다 돈줄을 죄기보다 숨통을 틔워주는 것이다. 또한 중국은 북한에 정치적인 압력을 행사하는 데 한계가 있다는 것을 깨달았기 때문에[20] 북한과 경제협력을 강화해 대

----

19 중국은 비핵화와 평화체제를 동시에 추진하는 '쌍궤병진'을 비핵화의 해법으로 내놓고 있다.

20 중국이 북한을 정치적으로 압박하는 데에는 한계가 있다는 사실이 최근 몇 년간 다양한 사례로 드러나고 있다. 중국이 북한에 '친중파 정권'을 심기 위해 공작해왔지만, 김정은이 들어서면서 친중파 수장인 장성택의 일당이 숙청됐고, 북한이 2009년 2차 핵실험을 할 때에는 중국보다 미국에 앞서 통보하고, 중국에는 실험 20분 전에 통보했다.

북 영향력을 키우는 데 관심이 많다. 국제사회가 아무리 북한의 돈줄을 죄려고 해도 중국의 100% 협조를 기대할 수 없는 이유다.

이런 이유 때문에 중국은 북중 관계가 악화될 때조차 북한 경제가 살아나도록 도와준다. 김정은 집권 초기에 북중 관계는 급격히 악화됐지만, 북중 교역 규모는 북중 관계가 좋았던 김정일 집권기2000~2011년보다 빠르게 증가했다. 중국이 북중 교역을 정치 보복 수단으로 사용하기 꺼려한다는 의미다.

중국이 대북제재를 충실히 따르지 않는다는 지적도 끊임없이 나오고 있다. 유엔 결의안 2,321호2016년 11월가 나온 직후인 2016년 12월에서 2017년 2월까지 중국 대북 수출입액은 전년 동기 대비 늘었다. 중

표5. 북중 관계 변화

시기	주요 동향
2000년대 초 관계복원	2000.5, 2001.1 김정일 방중, 2001.9 장쩌민 방북 한-중 수교 이후 소원했던 관계 복원
2001~2005년 우호관계	2004.4 김정일 방중, 수교 55주년 계기 총리 교환방문 2005년 후진타오 방북 등으로 우호관계 유지
2006~2007년 일시악화	2006.7 북한 미사일 발사, 2006.10 1차 핵실험으로 관계 악화 2007년 '2.13 합의'(6자 회담) 이후 정상화
2008~2011년 우호관계	2009년 수교 60주년 계기, 각종 무역 및 경협 합의서 체결 2009.5 2차 핵실험으로 일시 관계 소원 김정일 2010.5, 2010.8, 2011.5, 2011.8 방중
2012~2018년 관계악화, 교역증가	북한의 핵·미사일 연속 도발과 장성택 처형으로 관계 악화 북·중 무역의 규모가 급증하는 등 경제관계는 긴밀 2018년 김정은 3회 방중, 관계회복 시도

국 상무부가 북한 석탄 수입을 중단했다고 발표한 다음달에 석탄을 싣고 온 북한 선박들이 중국 항구에 들어온 사실이 드러나기도 했다.[21]

중국 상무부 통계에 따르면 2019년 상반기 북·중 교역 규모는 전년 동기 대비 14.3% 증가한 12억 5,000만 달러약 1조 4,767억 원를 기록했다. 특히 2019년 5월에는 북한의 대중 수입액이 약 2억 5,000만 달러로 2017년 제재 본격화 이전 수준을 회복했다. 북중 수교 70주년을 맞이해 북중 정상이 만남을 이어가며 관계가 무르익자 무역 규모가 일시적으로 늘어난 것이다.[22] 중국이 대북 제재의 완전한 방패막이가 될 수 없지만, 북한의 아사餓死를 막을 힘은 있는 것이다.

낮에 금지 물품 싣고 국경 넘는 트럭들

단둥과 신의주를 잇는 압록강철교조중우의교는 대북제재가 한창인 2019년 8월에도 차량 행렬이 끊이지 않았다. 단둥 세관이 문을 여는 오전 8시, '빵통차'로 불리는 북한의 컨테이너 트럭 수십 대가 다리 끝에서 대기하고 있었다. 통관 절차가 시작되자 944m 길이의 다리에

---

21 2017년 3월 16일 북한 선박 10척이 중국 석탄항인 룽커우항에 입항했다.

22 북한의 돈줄이 끊기지 않았다고는 하지만, 국제 제재의 타격을 상당히 입은 것도 분명한 사실이다. 코트라에 따르면, 2018년 북한의 대외무역(남북교역 제외) 규모는 전년보다 48.8% 감소한 28억 4,000만 달러(약 3조 3,475억 원)였다. 2011년 김정은 체제 출범 이후 북한의 무역규모는 55억~76억 달러 규모를 유지했으나 처음으로 30억 달러 미만을 기록한 것이다. 다만, 밀무역 등이 통계에 잡히지 않아 실제 교역 규모는 공개된 것보다 클 것으로 추정된다.

트럭들이 빈틈없이 줄을 섰다. 10여 분간 20여 대가 중국으로 들어왔다. 이들은 모두 중국에서 발주한 물품을 납품하러 들어온 차량이다. 아침에 들어와서 단둥에 머물다가 저녁 8시쯤 중국 물자를 싣고 북한으로 돌아간다.

압록강철교는 북중무역의 핵심 통로다. 북중 공식 무역 70%가 이 다리를 통과하기 때문이다. 단둥과 신의주를 잇는 육상 다리는 압록강철교 외에도 압록강 단교와 신압록강단교 두 곳이 더 있다. 그러나 압록강단교는 6.25전쟁 당시 미군 폭격을 맞아 절반이 파손돼 관광지로서만 역할을 하고 있고, 신압록강대교는 2014년 완공 이후 개통이 미뤄진 상태다.

"믿기 어려우시겠지만 압록강철교는 사실 밀무역의 생생한 현장입니다." A사장이 말했다. 북한의 당, 군부 소속 무역회사 3곳과 거래하는 그의 폭탄 발언에 정신이 번쩍 들었다.

"밀수 무역이라고 하면 아무도 모르게 숨어서 보내고 받을 것 같지요? 그런데 북중 간에는 숨어서 하는 것보다 서로 눈 감아주는 밀수가 훨씬 많아요. 북한에서 10가지 품목을 중국으로 가져오면서 실제 세관 신고서에는 두 개 품목만 기재하기도 하고, 수출 금지된 품목을 허용된 품목 사이에 숨겨서 가져오기도 합니다. 바로 저 다리 위에서 세관 직원들이 알면서도 통과시켜 주고 있지요."

"눈 감아주는 대가가 뭔가요?"

"북한과 중국 무역회사 간에 관례죠. 사전에 내통을 해서 서로 편의를 봐주는 거죠. 북한과 중국 무역회사 간에 거래할 때 중국 세관은 중국 회사가, 북한 세관은 북한 회사가 책임지고 통관 물품을 눈감아주도록 만드는 거죠. 미리 세관에 전화해서 담당자 바꾸라고 한 다음 '이번에 어떤 물품을 들여올 테니 알고 있으라'며 일러주기도 합니다."

"보통 세관 로비 비용이 얼마나 들까요?"

"매 건마다 돈을 주는 방식으로는 절대 못하죠. 꽌시關系관계가 중요해요. 세관을 구워 삶을 수 있는 회사가 북중 무역을 한다고 보셔도 돼요. 개인적인 연줄을 이용해서 세관 직원들과 인간적인 유대를 쌓고 사석에서 선물을 주든 밥을 사든 환심을 얻어서 관계를 형성해야 해요. 그렇게 노력을 들일 가치는 있죠. 중국에 밀수로 들어오는 북한 물품의 판매 가격은 구매가의 두세 배는 쉽게 넘길 겁니다."

"그럼 지금 압록강철교에서 매일 오가는 물품 중에 몇 퍼센트가 눈감아주는 밀수품이라고 보세요?"

"대북 사업하는 사람들은 한 10% 정도일 거라고 생각하고 있어요."

A사장의 추정은 오히려 보수적인 편이다. 일부 북중 정보당국자들은 북한의 육로, 수로를 이용한 대중 밀무역 규모를 공식 무역의 절반 규모로 추정하기도 한다.

"그러면 통계 상으로는 북중 무역량이 3분의 2가 줄었다고 해도 실제로는 통계에 잡히지 않는 거래가 상당히 많이 일어나고 있다는 거네요."

"맞아요. 중국 정부에서 조절하는 부분도 있고요. 군사 물자 같은 거야 여전히 규제가 심하지만 많은 품목들이 느슨하게 관리되지요. 금지 품목을 중요도에 따라서 A, B, C등급으로 나눌 수 있다고 해봐요. C등급은 묵시적으로 거래해도 된다는 사인을 중국에서 보내지요. 사업가들도 노하우가 늘었어요. 예를 들어 밀수품의 양이 많아 눈에 띄잖아요. 이럴 때는 물건을 북중 접경 지역이 아니라 중국의 베트남 접경 도시 지하창고에 보관해요. 그리고 필요한 만큼만 중국 내륙의 가공 공장으로 보내지요. 원산지를 중국으로 위조해서 다른 나라로 수출도 하고요."

북한 무역상 류 사장도 낮에 공공연하게 벌어지는 밀무역에 대해 비슷한 증언을 했다.

"조선^{북한} 광산에서 광물을 캐서 가공한 다음 50㎏짜리 포대에 나눠 담아서 차에 실어 중국에 보냅니다. 주로 30~50톤짜리 중국의 대형 화물 트럭들이 동원되지요. 보통 한 번에 운반하는 물량이 수백 톤이 되니까 때로는 트럭 20대도 모자랍니다. 압록강철교를 비롯해 중국 세관이 관리하는 다리는 모두 무사 통과 가능합니다."

류 사장은 구체적인 '밀수 가격'까지 알려줬다. "중국 세관을 통과하는데 광물 한 톤당 1,500위안^{약 25만 1,600원}을 줘야 합니다. 그래서 비싼 광물을 이런 식으로 몰래 들여 옵니다. 세관 통과 뇌물이 비싼 것을 리해할 수는 있습니다. 다리를 넘어 중국에 갈 때 엑스레이 검사도 있고, CCTV도 있지요. 또 거기만 넘으면 되나요? 중국의 수입 물품

창고 가면 또 검사 받는단 말입니다. 그걸 다 무마하려니 청탁할 사람이 많아 돈이 많이 드는 겁니다."

밤에 강 건너는 밀무역상들

"밤에 강가에 나가면 밀수꾼들이 많아."

한족 대북 사업가 왕 사장은 밤에 강을 건너는 북중 밀무역상들에 대한 이야기를 시작했다. "북한과 중국이 밀무역을 할 때 무역상들이 가장 자주 쓰는 방법이 북중 접경지역 강가에서 물건을 주고 받는 거야. 바다를 건너는 건 여러모로 위험이 크지. GPS로 배 위치가 다 노출될 수도 있고, 기상 상황이 안 좋으면 침몰 위험도 있고."

강에서 벌어지는 밀수 무역에는 20톤짜리 트럭과 뗏목이 동원된다. 중국 쪽에서 트럭 한 대, 북한 쪽에서 트럭 한 대가 온다. 고무 소재 작업복을 입은 북한 인부 5~6명이 얕은 곳을 따라 뗏목을 밀면서 물건을 옮긴다. 밀수 시간과 장소를 정해 만날 때는 휴대폰이 사용된다. 과거에는 강가에서 손전등이나 라이터로 신호를 주고 받기도 했지만, 이제는 북한 휴대폰 보급률이 25%[23]에 달해 옛날 말이 됐다. 국경 경비대에 뇌물을 주고 밤에 특정 강 구간 단속을 무마하기도 한다.

------

23 국가안보전략연구원에 따르면 2018년 북한 인구의 25%인 580만 명이 휴대폰을 사용하고 있는 것으로 추정.

밀수품을 나르는 뗏목은 허술하게 생겼다. 타이어 위에 널빤지를 올려 만든 형태가 기본이다. 무게가 많이 나가는 품목을 옮길 때는 뗏목 여러 개를 붙인다. 허술해 보여도 4~5톤 정도는 거뜬히 실을 수 있다. 오토바이나 전자 제품은 두 사람이 장대에 꿰어 들쳐 메고 건너기도 한다.

수심이 얕은 곳에서는 자동차를 밀수한다. 두만강 상류의 양강도 대홍단군 삼장 지역은 수심이 1m 미만으로 얕아 자동차를 몰고 그대로 건널 수 있다. 신형 차량은 분해해서 부품을 가지고 들어가 조립한다. 북중 간 자동차 밀수의 대부분이 강에서 이뤄진다.

밀수 거래는 위안화로 결제한다. 북한 돈은 사용되지 않는다. 거래는 3배가 남아야 수지가 맞는다. 뇌물에 들어간 돈과 운송비를 충당해야 하기 때문이다. 보통 북한 측에서 중국에 물건을 넘길 때 3배의 이윤을 남기고, 그 돈으로 중국 물건을 사서 북한에서 팔면 또다시 3배 정도의 이익이 생긴다.

제재로 공식 무역이 줄면서 강변 북중 밀무역은 늘어나는 추세다. 조직적인 밀수도 늘어나고 있다. 기업형 밀수꾼들이 북한에서 중국에 팔 물건들을 대규모로 사들인 다음 중국과 거래하는 식이다. 왕 사장은 "사실상 중국도 밀무역을 어느 정도 봐주고 있다고 봐야 해. 최근 몇 년 사이 중국이 북중 접경지역 강변에 철조망을 많이 쳐놨잖아. 그런데 잘 봐. 관광객들이 자주 다니는 곳만 골라서 철조망을 쳤고, 뗏목이 오갈 법한 곳은 철조망 없이 뚫려 있어. 중국이 밀무역을 깐깐

하게 단속할 생각이 없다는 증거지."

제재에도 뚫린 뱃길

"석탄 같은 값싼 광물은 육로로 몰래 운반하기에는 운송비가 터무니 없이 많이 듭니다. 아버지보다 애한테 돈을 더 쓰는 꼴이지 않습니까. 그래서 그런 물건들은 배로 운반하는 경우가 많아졌습니다."

초강도 제재 속에서 뱃길을 이용하는 밀수가 아직도 성행하느냐는 질문에 북한 무역상 류 사장이 대답했다.

"중국 항구에서도 그냥 조선에서 배가 오는가 보다 하지 그 안에 뭘 싣고 오는지는 크게 신경 안 씁니다. 그리고 인력이 한정적인데 전수 조사를 어떻게 합니까. 미국에서 무조건 금지만 하면 된다고 생각하는 건 실수하고 있는 거예요. 배 100척 중에 하나 걸리면 그게 뭐 큰 타격인가요. 그냥 속으로 웃습니다. 그리고 잘 걸리지도 않아요. 선적 윗부분에는 다른 허가된 수출품, 곡물 같은 것을 싣고 오는데 어떻게 알아요."

북한이 제재를 어기고 석탄 등 단가가 낮은 광물을 중국에 수출하고 있다는 의혹은 계속해서 제기돼 왔다. 석탄을 포함한 북한산 광물은 유엔 대북제재 결의에서 지정된 금수 품목이다. 2019년 10월과 12월 상업 위성 사진 업체 '플래닛랩스'는 두 차례에 걸쳐 북한 평안남도 남포항 석탄 터미널에 선박들이 드나드는 모습을 찍은 위성 사진을 공개했다. 같은 해 10월에는 신의주시 압록강변에 석탄이 쌓인 모습이 포착됐고, 북한에서 출발한 화물선이 중국 국제항에 정박해 석탄을 하역했다는 주장이 나왔다.

유엔 안보리 산하 대북제재위원회 전문가패널은 2019년 9월 보고서에서 대북제재에도 불구하고 북한의 석탄 밀수가 여전히 반복되고 있다고 지적했다. 또한 2019년 1월부터 4월 사이 적어도 127차례에 걸쳐 93만 톤에 달하는 석탄이 수출됐다고 집계했다.

류 사장은 "북한에서 석탄을 선박으로 수출할 때는 제재 위반을 숨기기 위해 안 보이게 움직입니다"라고 말했다. "북중 무역의 거점인 단둥이나 다롄 항구보다는 감시가 덜한 잉커우 항구에 석탄을 하역하는 겁니다. 보는 눈이 많은 낮보다는 밤에 이동하는 것도 또 다른 방법입니다." 기존 북중 교역에 자주 이용되지 않던 항구를 이용해 감시망을 피한다는 설명이었다.

"최소 한 번에 운반하는 양이 1만 톤, 2만 톤입니다. 그 정도는 돼야 배 운임도 나오고 남는 것도 있습니다."

산지를 알 수 없는 수산물

"라오반老板, 사장님, 이 조개는 어디에서 잡아온 건가요?"

"옛날이나 지금이나 같은 바다에서겠지요."

"다롄에서 제일 많이 먹는 수산물은 북한산 아니었던가요?"

"네. 이게 북한산이에요."

중국 랴오닝성 다롄의 한 식당에서 조개 요리를 시키고서 원산지를 물었더니 "북한산"이라는 답이 돌아왔다. 북한의 수산물 수출은 2017년 12월 안보리 제재^{결의} 2,371호로 금지됐다. 중국 해관^{세관}의 공식 통계에는 북한산 수산물 수입이 '0'으로 표시된다.

그러나 북중 접경 도시에서는 여전히 북한산 수산물이 팔리고 있다. 2019년 7월 찾은 단둥 시내 수산물시장 '둥성스다오차오東昇四道橋'에서는 꽃게와 해삼 등이 버젓이 팔리고 있었다. 산지를 물어보니 "모른다"는 대답이 돌아왔다. 나중에 단둥 현지의 대북 사업가에게 물어보니 북한산 수산물일 경우에 산지를 밝히지 않는 경우가 많다고 한다. 북한산 수산물의 중국 내 유통은 대부분 단둥에서 이뤄진다. 수백 곳의 냉동창고와 수산물 가공업체들이 북한산 수산물에 기대서 돈벌이를 하고 있는 것이다.

지린성 옌지의 시장에서는 2019년 말부터 설 명절을 앞두고 북한 수산물을 대량으로 들여와 팔고 있다. 상인들이 대놓고 "베이차오셴밍타이北朝鮮明太魚, 북한 명태"라고 외치며 손님을 부른다. 500그램 기준으로 명태는 6위안, 은어는 5위안, 게는 70위안, 문어는 24위안이다. 가격이 저렴한 편이다.

북한은 주력 수출품인 수산물 밀수출을 포기할 수 없다. 대중 수출에서 광물과 섬유를 제외하면 가장 큰 외화벌이 품목이기 때문이다. 수산물은 다른 품목처럼 묵혔다가 나중에 팔 수도 없는 노릇이다. 초강도 제재 전까지는 매년 약 1억 5,000만 달러어치^{약 1,750억 원}의 수산물을 중국에 수출했다.

엔지에서 만난 한국인 사업가 박 사장은 '북한의 수산물은 해상에서 '배치기'로 중국에 밀수됩니다"라고 말했다. 배치기는 해상에서 수산물을 실은 북한 배와 식량·생필품을 실은 중국 배를 몰래 바꾸는 방식이다. 단속이 느슨하면 북한 배가 직접 중국까지 수산물을 싣고 오기도 한다.

박 사장은 "대북제재가 심하다지만 북한 수산물은 한국까지 가고 있습니다"라면서 "한국이 단둥에서 수입하는 수산물 상당수가 북한산이기 때문입니다. 바다에서 나는 물고기에 '메이드 인 북한'이 붙어 있지 않으니 모르고 수입하는 겁니다"라고 말했다. 단둥에서 한국으로 보내는 수산물의 80%가 북한산일 것이라는 다소 믿기 어려운 이야기도 했다.

북한의 수산물은 바다에서만 밀수가 이뤄지는 것이 아니다. 육로도 이용된다. 제재 이전에 동해안에서 나는 북한 수산물은 산지에서 가까운 두만강 지역 세관을 통해 수출이 이뤄졌는데 최근에는 서해안 용암포까지 육로로 싣고 와서 중국 밀수선에 넘긴다고 한다. 장기간 운송하기 때문에 신선도가 떨어져 헐값에 넘기지만, 안 파는 것보다는 낫다.

상자에 숨겨놓고 파는 담배

2019년 7월, 두만강이 보이는 지린성 투먼 두만강광장의 선물가게에 들어서자 주인은 말 없이 가게 한 가운데 있는 상자를 열었다. 30

여 종의 북한 담배가 가득 담겨 있었다. 모두 밀수품이다.

주인은 '7.27' 담배를 내게 건네며 "북한의 최고급품"이라며 "선물용으로 많이들 사갑니다"라고 말했다. 담배 이름은 정전협정이 체결된 7월 27일에서 따온 것이다. 김정은 북한 국무위원장이 즐겨 피운다는 최고급 담배다. 한 갑에 50위안약 8,500원에 파는데 중국의 북한 식당에 가면 두 배 가격에도 팔린다.

투먼 외에도 지린성 옌지, 랴오닝성 단둥 등 가는 곳마다 북한 담배를 파는 가게를 찾을 수 있었다. 단둥 세관 앞 선물가게는 아예 벽에다 북한 담배를 걸어놓고 팔았고, 압록강철교 앞 골목에는 북한 담배를 파는 매대가 줄지어 있었다. 파는 사람이 많으니 가격 흥정도 쉽다. 일부 상점에서는 중국 담배와 나란히 북한 담배를 진열해 놓기도 한다.

담배는 주로 육상 운송로를 이용해 중국으로 가져왔다. 제재 예외 품목 사이에 숨겨서 통관 절차를 밟는 방법이 가장 많이 쓰였다. 그러나 최근에는 중국 세관이 첨단 검색 장비를 설치하고 전수검사를 하기도 하면서 수상 운송로를 이용하기 시작했다. 중국 어선이 북한 인근까지 가서 받아온다. 어선 한 척이 나가면 5만 위안약 840만 원 어치의 담배를 싣고 돌아오는데 중국에서 2~3배 가격에 되팔 수 있다. 미국 재무부는 2018년 "북한의 담배 밀무역 순이익이 연간 10억 달러약 1조 1,000억 원를 넘는 것으로 알려져 있다"고 발표하기도 했다.

시세 변동 없는 상품을 팝니다

"제가 요즘 주력하는 사업이 뭔 줄 아십니까? 인력 사업입니다. 올해2019년 초에는 중국인 사업가가 지린성 훈춘에 의류 가공 공장을 크게 짓는다고 하길래 거기서 일할 조선북한 노동자 500명을 중국으로 데리고 왔습니다. 크게 성공시켰지요."

북한 무역상 류 사장이 뽐내듯 말했다.

유엔 대북제재 결의는 회원국들의 추가적인 북한 노동자 고용을 금지하고, 기존에 해외 파견된 북한의 노동자들은 2019년 말까지 북한으로 돌려보내도록 강제하고 있다.[24] 류 사장은 이를 역행하는 사업을 벌이고 있는 것이다.

"중국에서 현재 가장 인기 있는 '북한 수출품'은 단연 북한 노동자입니다. 중국 쪽에서 얻는 이득이 커서 북한 인력의 중국 입국도 느슨하게 관리합니다. 대북제재고 뭐고 신경 안 씁니다."

"중국이 북한 노동자를 왜 그렇게 원한답니까?" 내가 물었다.

"이렇게 리해이해하면 됩니다. 조선 인력이 가장 많이 가는 중국 봉제 공장을 예로 들어 보겠습니다. 봉제 공장은 인력이 500명 이상은 돼야 공장이 돌아가고 돈을 법니다. 그런데 중국에서 500명 쉽게 구할 수 있겠습니까? 못 구합니다. 워낙 중국인들 임금이 높아져서 원

---

24 2017년 12월에 채택된 제재결의 2,397호는 북한 노동자를 2년 이내에 송환하라고 명기했다. 비자 기간이 남아 있어도 예외가 없다.

래 봉급으로는 어림도 없기 때문입니다. 그렇다고 무작정 임금을 올리기에는 수지타산이 맞지 않습니다. 중국 남방 지역에 그 많던 봉제 공장들도 사람을 못 구해서 문을 닫았단 말입니다."

북한 노동자의 월급은 중국 2~3선 도시 노동자의 절반 수준인 1,500위안약 26만 원이다. 하루 두 끼를 주고 철제 침대를 제공하면 불평 없이 일한다. 중국에서 북한 노동자를 선호할 수밖에 없다. 류 사장은 말을 이어갔다.

"조선에서 인력만 데리고 올 수 있으면 중국에 창방공장 짓는 건 어려운 일이 아닙니다. 돈도 많이 필요 없습니다. 외딴 곳에 건물 짓고 설비 넣으면 끝인데 설비는 외상으로 다 얻어옵니다. 나중에 20% 더 얹어서 값을 치른다고 하면 업체들이 두말 않고 다 줍니다. 어차피 공장도 땅도 거기 있으니 돈 떼일 리 없다는 생각인 겁니다."

북한 노동자를 고용하는 공장은 한 달에 얼마나 버는지 묻자 류 사장은 꼼꼼하게 숫자를 나열하기 시작했다.

"봉제 공장 조선 노동자 한 명이 한 달에 생산하는 매출 총액은 5,000위안83만 7,600원입니다. 공장이 가져가는 순리윤순이익은 1,000위안입니다. 공장 운영에 필요한 돈이며 인건비를 다 지불해도 그만큼 가져간다는 말입니다. 보통 공장 한 곳에 조선 인력이 500명은 되니 한 달에 순리윤 50만 위안약 8,376만 원이라고 보면 됩니다. 1년이면 600만 위안약 10억 512만 원입니다. 이게 얼마입니까. 100만 불 가까이 되는 큰 돈입니다. 돈 얼마 투자 안 해서 1년에 100만 불씩 번다고 하면 누구나 조선 노동자를 데려 오려고 하지 않겠습니까?"

류 사장은 중국 인민폐로 액수를 말할 때는 달러로 환산해서 다시 한 번 말하는 습관이 있었다.

어떤 식으로 북한 노동력을 데리고 오는지 묻자 "'여행 비자 제도'를 이용한다"고 말했다. 북한 노동자들이 중국 접경지역인 지린성 훈춘과 화룡, 랴오닝성의 단둥 등에서 '여행 비자'를 받게 한 다음 공장으로 데려와 일을 시킨다는 것이다. 그가 말한 비자는 이른바 '도강증'이라고 불리는 변경 통행증이다. '조·중 변경지역 통행에 관한 협약'에 의해 만들어진 이 통행증은 북중 접경 주민이나 공무원들이 여권 없이 중국 접경 도시에서 최대 한 달간 머물도록 허용한다.

도강증 발급이 어렵다면 다른 방법도 있다. 약간 더 번거롭지만 북한 노동자가 유학생 비자를 받거나 기술 교류생 신분으로 중국에 입국하는 것이다. 2018년 하반기부터 북한 당국은 '산업기술견습생', '유학생' 등의 신분으로 중국 단둥, 선양, 투먼, 훈춘 일대의 공장과 식당에 노동자를 파견하고 있다. 이렇듯 중국에서 일하는 북한 노동자 대부분 공식 '노동 비자'를 받고 해외 파견된 사람들이 아니기 때문에 서류상으로는 강제 송환 대상이 아니다. 대북제재가 심해지면서 생겨난 편법이다.

"'비자도강증'를 받으면 원래 한 달에 한 번 조선에 나갔다 와야 하는데 훈춘 같은 경우는 3개월, 길게는 1년에 한 번만 조선에 갔다 오면 됩니다. 단둥은 관리가 엄격한 편이라 예외 없이 한 달에 한 번 조선에 가야 합니다. 공장에서 일하는 조선 노동자들은 한꺼번에 움직이지 않고 몇십 명씩 돌아가면서 갔다 돌아오는 식입니다."

류 사장 말을 끊고 질문했다. "그런데 조선 사람이 계속 중국 공장에서 일한다는 보장이 있습니까? 비자 받으러 조선에 갔다가 안 돌아올 수도 있지 않습니까?"

류 사장은 내 말 뜻을 못 알아들은 듯 한참을 뚫어져라 쳐다보더니 말했다. "뭐라는 말입니까? 누가 안 옵니까?"

그가 말을 이어갔다. "조선 노동자들도 돈을 벌어야 하니 중국에 오려고 합니다. 그리고 조선 인력을 보내줄 때는 중국 공장 측과 최소 3년을 계약합니다. 3년간은 인력을 보내는 조선 쪽 사장과 중개인인 내가 어떻게든 인력 공급을 책임진다는 말입니다."

그는 갑자기 영업사원이라도 된 양 인력 공급 중개 비용에 대해서 말하기 시작했다.

"한 사람을 소개할 때마다 그에 대한 중개료를 받습니다. 한 사람 당 100위안약 1만 6,700원씩 매달 줘야 합니다. 다른 방식으로 지급해도 됩니다. 한번에 10개월치인 1,000위안약 16만 7,000원을 주는 거죠. 중국 공장에 500명의 조선 노동자를 공급했다고 하면 매달 5만 위안약 839만 원씩 3년간 지급하거나 한 번에 50만 위안약 8,375만 원을 주면 됩니다. 나는 번거로운 걸 싫어해서 일시불로 주는 것을 선호합니다. 물론 인력들에게 월급은 따로 줘야 합니다."

류 사장은 한국 사람이 투자한 중국 공장에도 북한 인력을 보냈다고 했다.

"훈춘에 있는 공장인데 돈은 한국인이 대고, 명의는 중국인인 공장입니다. 잘 보면 이 회사 오더는 전부 한국에서 옵니다. 남쪽에서는 이미 북한 노동자를 데려다 개성공단을 가동했지 않습니까? 지금 중국에 개성공단 인력약 2만 명의 5배는 되는 조선 노동자들이 들어와 있는데 이 사람들을 쓸 기회를 잡아야 하지 않겠습니까. 단둥만 해도 조선 노동자가 3만 명이 넘고, 훈춘은 1만 5,000명이 됩니다." 중국 내 북한 노동자 규모는 공개된 적이 없지만 5만~8만 명으로 추산된다. 이들이 연간 2억~3억 달러의 외화를 벌어들인다.[25]

류 사장은 말을 마치고서 문득 중요한 말이 생각났다는 듯이 의미심장하게 한 마디를 덧붙였다.

"제재가 심해지면 조선의 물건들은 (편법으로 중국에 가져가야 하니) 시세 변동이 심해집니다. 그런데 조선 노동자는 시세 변동이 없습니다. 얼마나 안심이 됩니까?"

북한 노동자를 돌려보내지 않는 유일한 나라

류 사장의 말대로 중국은 북한 노동자를 본국으로 돌려보내지 않고 있다. 2020년 1월 22일, 미국 국무부는 중국이 국제사회의 대북제

---

[25] 미 국무부 발표에 따르면 북한은 매년 약 10만 명의 노동자를 해외로 보내 5억 달러(약 5,800억 원)를 벌어들인 것으로 추산된다. 북한 해외 노동자 중 최소 5만 명은 중국에서 일한다.

재를 어긴 채 중국 내 북한 노동자들을 북한으로 송환하지 않고 있다고 밝혔다. 유엔 안보리 결의 2,397호에 따르면 2019년 12월 22일까지 유엔 모든 회원국이 자국 내에서 일하는 북한 노동자들을 본국으로 돌려보내야 한다.

미 국무부 당국자는 브리핑에서 "대부분의 국가들은 (유엔 대북제재) 조치들을 충실히 따르고 있지만, 다수의 북한 노동자를 데리고 있는 특정 국가가 송환 조치를 따르지 않고 있다"고 말했다. 국무부 당국자는 "특정 국가가 중국을 말하는 것이냐"는 질문에 "그렇다"고 답했다.

미 재무부는 2020년 1월 14일 베이징숙박소와 평양 소재 고려남강무역회사를 대북제재 명단에 추가했다. 북한이 외화를 벌기 위해 인력의 불법적 송출을 계속하고 있다는 것이 이유였다. 남강무역은 2018년 여러 국가에 북한노동자를 송출하고 비자와 여권 발급, 취업에 적극 관여한 것으로 알려진 북한 회사다. 베이징숙박소는 북한 노동자에게 필요한 물자와 편의를 제공하며 남강무역을 지원해온 숙박시설이다.

북한으로 몰리는 중국 관광객

해외 여행객의 북한 관광은 제재 대상이 아니다. 북한이 초강도 제재 속에서 눈치 보지 않고 외화를 벌 수 있는 거의 유일한 '합법' 수단이다. 중국은 제재 이후 노골적으로 북한에 관광객을 몰아주며 북한

경제를 지원하고 있다.

북한 국가관광총국에 따르면 2018년 북한을 방문한 중국인 관광객은 약 20만 명이다.[26] 2019년에는 역대 최다로 100만 명을 넘겼을 것으로 추정된다. 중국인 100만 명이 북한에서 1인당 2,000위안약 34만 원을 썼다고 가정하면 북한의 관광수입은 3억 달러에 달한다. 북한 GDP약 400억 달러로 추정의 1%에 근접하는 액수다. 중국이 인편으로 북한에 목돈을 보내준 격이다.

중국은 관광객을 이용해 다른 나라에 보복하거나 경제 지원을 하는 데 능숙하다. 대만에 반중 성향인 민진당 정권이 들어서거나, 한국이 사드THAAD, 고고도미사일방어체계를 배치했을 때 중국은 자국 관광객 숫자를 줄여 보복을 가했다. 중국이 자국 관광객을 얼마나 강력하게 통제하고 있는지를 보여주는 대목이다.

2019년 9월 랴오닝성 단둥기차역에 내려 출구를 나서기도 전에 전단지를 든 여행사 직원들에게 둘러싸였다. 북한 관광 코스를 소개하는 광고판 앞에서 서성거리자 홍보 직원들이 달려든 것이다. 직원은 "요즘은 북한 여행 열풍이에요"라며 호들갑을 떨었다. 그러면서 "당신의 부모 세대는 북한에서 옛날 중국의 모습을 볼 수 있어서 향수를 느끼고, 당신 같은 젊은 사람은 신비로운 북한의 모습을 들여다 볼 수

---

26 북한을 방문하는 해외 여행객의 90% 이상이 중국인이고, 다른 나라 여행객 수는 매년 1만 명에 못 미치는 수준이다.

있어 좋아한다"고 말했다. 나를 중국인으로 착각한 직원은 북한 당일 관광은 여권 없이 공민증주민증과 사진만 있으면 통행증을 받아 갈 수 있다고 안내했다.

북한 관광은 비싸지도 싸지도 않은 가격이었다. 신의주 반일짜리는 1인당 400위안약 6만 8,000원, 하루짜리는 800위안이었다. 신의주 외곽까지 둘러볼 수 있는 1박 2일 코스는 1,300위안이었다. 숙소는 신의주에서 50㎞쯤 떨어진 동림군에 중국 자본이 세운 호텔을 이용한다. 식사 때마다 여성 악단의 연주를 들을 수 있고, '봉사 센터'라고 하는 북한 면세점에서 술·담배 등을 구입할 수도 있다.

단둥에서 신의주를 거쳐 평양·개성·묘향산·금강산을 도는 코스도 있다. 침대 열차로 6일간 여행하는 이 상품의 가격은 4,300위안약 71만 원으로 인기가 좋다. 여행 성수기가 되면 평양으로 들어가는 중국발 열차 표를 구하기 어려울 정도다. 단둥 기차역에서 만난 50대 류씨는 "북한 여행은 해외 여행치고는 저렴해서 기회가 되면 자주 가는 편"이라며 북한 여행의 장점을 늘어놨다.

단둥 외에 다른 북중 접경지역에서도 북한으로 향하는 중국인 관광객이 크게 늘었다. 2018년 하반기부터 북중 관계 회복의 낌새를 알아챈 중국 여행사들이 관련 상품을 내놓은데다, 중국인들의 북한에 대한 부정적 인식이 옅어졌기 때문이다.

중국 지린성 지안시에서는 2019년 4월 압록강 상류인 지안~만포를 연결하는 다리가 개통되면서 승용차나 버스로 만포 들어가는 길이 열렸다. 신의주처럼 만포도 하루짜리 관광이 인기를 얻기 시작했다. 고구려 유적지가 많은 지안을 둘러보고 만포 시내와 6·25 때 김일성 임시 사령부였다는 고산진 유적지 등을 방문하는 코스다.

두만강 하류인 지린성 훈춘에서도 북한 나선 특구 여행 상품이 인기다. 나진·선봉을 1박2일 여행하는 880위안약 15만 원짜리 상품도 있다. 2019년 1월에는 훈춘에서 중국 관광객 100여 명이 얼어붙은 두만강을 걸어서 건너기도 했다. 북한에서는 관광객의 휴대전화와 카메라 사용을 허용하는 등 여행 통제를 대폭 완화했다.

시진핑 주석은 2019년 6월 평양 방문 직후 중국 여행업체 등에 북한 관광객을 200만 명으로 늘리라는 지시를 내린 것으로 알려졌다. 국가기관의 공무원과 교사들에게 북한 관광을 의무적으로 갔다 오라는 방침도 내렸다고 한다. 시 주석의 방북에는 중국 실물 경제 책임자인 허리펑何立峰 국가발전개혁위원회 주임과 중산鍾山 상무부장도 동행했기에 이러한 선물은 예상된 것이었다.

시 주석 방북 직후인 2019년 6월 20일에는 북한 고려항공이 평양—다롄 노선 전세기 운항을 9개월 만에 재개했다. 북한 항공 탑승 인원 제한도 완화됐다. 과거에는 고려항공 여객기 한 대가 중국인 관광객을 하루 최대 1회 40명까지 태울 수 있었는데, 지금은 횟수 제한 없이 중국인 관광객을 태울 수 있게 됐다. 하루에도 수백 명의 중국인이 비행기로 북한에 갈 수 있게 된 것이다.

북한 관광업 투자 설명회

2019년 4월 중국 랴오닝성 선양瀋陽에서는 중국인 기업인들을 대상으로 대북 투자 설명회가 열렸다. 북한 당국의 위임을 받은 중국 업체가 주최한 이 설명회에는 북한 관광 산업 투자가 집중적으로 소개됐다.

주최 측은 원산과 금강산을 언급하면서 "북한 정부가 가장 중요하게 여기고 집중적으로 발전시키는 관광지"라고 말했다. 그러면서 "삼일포 민속 거리, 국제 음식점 거리, 원산 맥주 공장, 원산 택시회사, 양어장, 기념품점, 호텔 등이 중국 자본 투자를 기다리고 있다"고 설명했다.

같은 달 베이징에서는 북한 대외경제성 산하 조선대외경제법률자문사무소 변호사들이 중국 로펌 세미나에 참석해 투자 유치 활동을 벌였다. 북한의 외국인투자법과 26개 경제개발구역을 자세히 소개하며 북한의 관광산업 투자를 집중적으로 독려했다. 김춘희 북한 국가관광총국 관광홍보국장은 신화통신과 인터뷰에서 "중국 기업인들이 북한 호텔과 관광지, 인프라에 투자하는 것을 환영한다"며 "각종 혜택을 제공할 것"이라고 공개 약속했다.

제재 국면에서 북한은 관광산업을 가장 중요한 돌파구로 여기고 있다. 2016년 5월 김정은은 연설에서 북한 대외경제관계 발전에서 관광산업발전이 우선이라고 강조했고, 2016년 6월 북한 내각총리 박봉주는 "관광대상과 지역을 늘리고 여러 형태의 관광을 활발하게 조직하겠다"고 공언했다. 실제로 초강도 대북제재 이후 북한에서 진행된 대규모의 건설은 대체로 관광산업에 치중돼 있다. 원산—갈마해안관광지구, 양강도 삼지연, 양덕군 온천관광지구 건설 등이 대표 사례다.

재미있는 것은 북한은 중국뿐 아니라 한국에도 관광산업 투자 압박을 가하고 있다는 것이다. 김정은의 금강산 남측 시설 철거 발언도 사실은 '한국 도움은 필요 없다'는 메시지가 아니라 적극적인 금강산 관광 재개를 압박한 것이다. 결국 문재인 대통령은 2020년 1월 7일 신년사에서 남북 교류협력을 위한 개성공단 및 금강산관광 재개 노력을 제안했다. 1월 20일에는 통일부가 국민들의 북한 개별 관광 청사진을 공식화했다. 군사분계선MDL을 넘어 육로로 북한 개성과 금강산을 찾는 관광을 추진한다는 것이다. 우리 정부가 구상 중인 관광 방식은 크게 세 가지다. 이산가족 또는 비영리단체 중심의 금강산·개성 방문, 한국 국민의 제3국 여행사를 이용한 평양, 양덕, 원산·갈마·삼지연 등 북한 지역 관광, 제3국 여행사의 외국인 남북 왕래 관광 프로그램 허용이다. 북한의 뜻대로 관광객을 보내주겠다고 나선 것이다.

늘어나는 북한의 희귀 금속 판매

"현금 보따리 싸 들고 몰리브덴 사겠다며 찾아오는 중국놈들이 많습니다."

북한 주요 수출품들의 무역거래가 정지되자 북한의 희귀 금속 수출은 오히려 늘고 있다. 대북제재 대상에서 제외된 소수의 금속이 북한 외화벌이 수단으로 급부상한 까닭이다. 가장 많이 수출되고 있는 것은 몰리브덴과 텅스텐이다. 이들 광물은 다양한 고강도 특수강 합금을 만드는데 필요해 매우 고가에 팔린다.

북한 무역상 류 사장은 "조선북한에 대한 제재가 심할 수록 몰리브덴 같은 고가 광물에 손대야 합니다"라고 말했다.

"광산에서 막 캐낸 자연 상태의 몰리브덴이 '유화 몰리브덴황화몰리브덴'인데 순도를 99.9%로 끌어올리면 값비싼 윤활제가 됩니다. 비행기 엔진에도 넣을 정도입니다. 워낙 구하기 어려운 자원이니 미국국제사회이 제재 품목에서 빼놓은 게 아니겠습니까?"

중국에서는 순도가 40%인 몰리브덴을 선호한다고 한다. 1kg에 1,700달러약 202만 원선에 거래돼 국제 시세보다 훨씬 싸고, 중국 내에서 재가공해 출하하면 비싼 값에 팔 수 있기 때문이다.

"중국에 출장 나오면 나를 만나는 중국 놈들마다 '제발 몰리브덴을 팔아달라'고 합니다. 현금으로 바로 사겠다고 하면서 말입니다. 그럼 나는 뭐라 하는 줄 아십니까? '조선에 와서 몰리브덴 광산 투자해서 다 가져가라.' 귀한 물건은 그냥 얻으려고 하면 안 된다는 것을 알려주는 겁니다. 확실히 이런 고가품이 남는 것도 많고, 팔기도 수월해서 사업하는 맛이 있습니다."

중국에서 일부 품목 수입을 늘리기 위해 제재의 잣대를 느슨하게 들이밀기도 한다. 제재 위반 여부를 판단하는데 해석의 영역이 있기 때문이다.

　제재 대상에서 제외된 일부 경공업 상품들도 북한의 새로운 수출 효자 상품으로 떠오르고 있다. 시계 무브먼트, 가발, 교육용 마네킹, 축구공, 광물찌꺼기인 광·슬래그 등이 2019년 북한 대중 수출액 상위권을 차지했다.

2부

중국이 판을 키운다

한족이
대북사업 전면에 나선다

충격적인 사실은 초강도 대북제재 속에서 북중 경제협력이 확대되고 있다는 것이다. 중국이 2010년부터 적극적으로 북중 경제 교류의 판을 키우고 있기 때문이다. 가장 눈에 띄는 변화는 중국 대북사업의 주축이었던 조선족과 북한 화교의 자리를 한족들이 꿰찬 것이다. 대북사업에 뛰어든 이들 한족은 대부분 중국 공기업의 책임자거나 지방 정부의 비호를 받는 투자자들이다. 대규모 자금을 무기로 북한의 광물, 수산물, 부동산, 관광 등 주요 분야에서 이권을 선점하고 있다.

최소 단위는 100만 달러

중국 지린성 옌지에서 만난 50대 여성 조선족 사업가 한 씨는 "한족들 때문에 요새 대북 사업 규모가 너무 커졌어요. 소자본으로 하던 조선족들이 힘을 못 써요"라고 말했다.

엔지에서 만난 60대 한국인 대북 사업가 박 사장도 비슷한 이야기를 했다. "불과 2000년대 초만 해도 조선족들이 몇십만 달러를 갖고 북한 광산 투자를 많이 했는데 지금은 북한이 푼돈이라고 받아주지도 않아요. 조선족 사업가들이 깜냥도 안 되면서 큰 규모의 대북 사업에 손 댔다가 자금 문제로 도산하는 사례도 많지요. 북한 평양의 류경호텔만 가도 광산 개발 같은 덩치 큰 사업을 하다 쫄딱 망해서 장기 투숙 중인 조선족 사업가들이 있어요."

북중 경협 무대에서 주연이 교체됐다. 조선족과 북한 화교 손에 좌지우지됐던 북중 무역과 각종 협력 사업에 한족들이 주연으로 나서고 있다. 소수민족이 주도하던 북중 경협에 인구 대부분을 차지하는 한족들이 팔 걷어붙이고 나선 것이다.

대북 사업에 뛰어든 한족들 중 상당수는 지방정부를 등에 업은 한족 사업가나 공기업의 한족 엘리트들이다. 자본력이 막강한 이들의 출연으로 북중 간 거래 금액은 소액에서 거액으로 바뀌는 추세다. 대북 사업가 박 사장은 "요즘 북한에서 중국과 하는 무역 거래는 100만 달러 단위가 일반적입니다"라고 말했다. "1만 톤씩 팔던 것을 이제는 10만 톤씩 파니까요. 북한의 돈 되는 광물이나 섬유는 다 당과 군이 장악하는 무역회사가 장악하고 있는데, 한족들의 돈맛을 보더니 적은 금액의 거래는 안 하고 있습니다."

한족이 북중 경협의 주연으로 떠올랐다는 것은 무엇을 의미할까? 북중 경협이 전국이 주목하는 '국가적 사업'이 됐다는 뜻이다. 중국 정부는 2010년부터 북중 경협을 적극 장려했다. 그 해는 한국의 대북 제재인 5·24 조치가 내려지고, 중국의 동북지역진흥전략이 본격 추진[27]되면서 북중 경협의 확대 가능성이 무한했던 시기다.

한 번 시동이 걸린 북중 경협에는 거스를 수 없는 관성이 붙었다. 초강도 제재조차 막지 못했다. 중국 정부는 제재가 시작된 2016년 이후에도 자국 기업인들을 소집해 대북 투자 활동을 선제적으로 벌일 것을 독려했다. 난관 속에서도 북중 경협을 이어 가려는 의지를 드러낸 것이다.

북중 거래 규모가 커지면서 현금 결제 일색이던 북중 무역에서도 변화가 일어나고 있다. 신용장 거래가 늘어난 것이 가장 큰 특징이다. 박 사장은 "양측 간에 거래 규모가 커지고 메이저 회사들이 나서면서 북중 무역은 정규화되는 추세입니다. '돈을 마련해 지불할 테니 3개월간 거래를 스탠바이 해달라'고 북한 거래처에 전하면, 군말 없이 3개월짜리 신용장을 열어 줍니다. 돈 떼이거나 거래가 일방적으로 끊길 염려도 확실히 줄었지요."

---

27 2009년 '동북지구 노후 공업지구 진흥전략 진일보 실시에 관한 의견'이 국무원을 통과했고, 이후 지린성 창춘-지린-투먼의 '창지투 개발개방 선도구발전규획'이 공포되었다.

한족들의 '말뚝박기'

"중국이 북한을 상대로 실험을 하는 중입니다."

2019년 8월, 중국 지린성 옌지시에서 만난 한족 대북사업가 왕 사장은 중국의 대북 사업 현황에 대해 거침 없이 털어놨다. 2014년 북한에 진출한 그는 나진·선봉 경제특구에 대규모 수산물 센터를 지었다.

그의 말에 따르면 최근 몇 년 사이 한족 사업가들이 북중 경협 전면에 나서며 북한 '말뚝박기'에 나서고 있다. 대북사업에 뛰어든 한족들은 대부분 중국 지방 정부 산하 기업의 책임자거나 정부의 비호를 받는 투자자들이다. 반쯤은 중국 정부의 대리인인 것이다. 이들은 대규모 자금 투입이 필요한 북한의 광산, 수산물, 부동산, 관광 등 사업에 빠른 속도로 진출하고 있다. 이전에는 북한 화교와 조선족들이 언어와 연고를 무기로 북한과 소규모 상품 거래를 하는 것이 일반적이었다면, 이제는 한족들이 자금을 무기로 이권을 확보하는 것이 중국의 새로운 대북 투자 공식이다. 한족 사업가들은 단기 수익에도 연연하지 않아 북한에서도 이들의 투자를 반긴다.

한족들의 대북사업 진출 확대를 알리는 대표적인 현상이 북중 합영, 합작회사의 급증이다. 2004년까지는 15곳에 불과했다가 2007년 말에는 91곳이 됐고, 이후 매년 10여 곳씩 꾸준하게 늘어났다. 현재까지 북중 합영, 합작회사는 최소 200곳이 넘는다. 합작은 북한 측 회사와 지분만 나눠 갖고, 합영은 지분에 더해 경영권까지 갖는다. 일반적으로 북한에서 합영, 합작 회사를 설립하면 투자금은 많이 들어가는 반면에 회수는 어려운 것으로 알려져 있다. 그러나 한족들은 오히려 이런 정식 절차를 밟아 이권을 취득했다는 공식 기록을 남기려고 한다.

왕 사장은 "법인만 만들고 경영 실적은 없는 유령회사까지 합치면 북중 합영, 합작 회사는 450곳은 넘을 것으로 보고 있습니다"라고 말했다. "이들 회사는 중국의 미래를 위해 이권을 선점한 것입니다. 속된 말로는 울타리를 둘러친다고 합니다. 접경 도시 외에도 홍콩, 상하이, 베이징 등 중국 대도시 사업가들이 북한에 돈을 쏟아 붓기 시작했습니다."

대북 사업의 메인 플레이어였던 조선족과 북한 화교는 역할이 달라졌다. 사업을 키워 대기업 회장에 오른 극소수도 있지만, 대부분 한족 사업가들의 조력자로 역할이 바뀌고 있다. 자금 동원력에서 한족 사업가들과 겨룰 수 없다 보니 보조 역할을 자처하게 된 것이다. 특히 대북 사업에서는 유동자금을 많이 확보하는 사업가가 유리하다. 현금 결제가 잦은데다 거래와 동시에 대금 납입을 요구하는 경우가 많기 때문이다. 자금력이 풍부할수록 북한 측도 우량 사업가로 인정하기 때문에 우선적인 협약 대상이 된다.

왕 사장은 "투자금은 중국에서 얼마든지 더 끌어올 수 있습니다"라고 말했다. "중국에서 떼돈을 번 친구들은 북한 투자에 상당히 열의가 있습니다. 중국이 개혁개방 이후 얼마나 빨리 발전했는지 목격한 사람들이라 그렇습니다. 북한이 일부라도 개방되면 각종 이권을 선점한 중국 기업들은 2~3년 내에 원금 회수는 물론이고 아주 오랫동안 큰 돈을 벌게 될 것이라고 모두들 믿고 있습니다."

중국 지방 정부로부터 투자금을 빌릴 수도 있다. 구체적 대북 투자 계획서만 제출하면 지역 은행에서 담보 없이 대출해준다. 사업가가 속한 지방 정부의 상무국이 보증을 서주기 때문이다. 대북 사업이 실패해도 불가피한 사유로 인정되면 대출금 대부분을 탕감 받는다.

왕 사장은 대북제재로 개점휴업 상태인 그의 수산물센터를 언급했다. "제재 때문에 제 북한 사업은 수익을 내지 못하고 있습니다. 그렇지만 이 사업으로 돈 한 푼 벌지 않아도 괜찮습니다. 내 투자자들이 이해해주고 있고, 기다려주고 있습니다. 장기적으로는 내 북한 사업 경력과 연줄 덕분에 큰 기회를 잡게 될 것입니다."

그는 한족들의 대북 사업 진출을 자꾸만 '실험'이라고 표현한 이유에 대해서는 이렇게 설명했다. "북한과 민족적 연관성이나 지연이 없는 한족 사업가들이 앞으로 북한에서 얼마나 성공할 수 있을지를 알아보는 중이기 때문입니다. 꼭 해야 하는 일이고, 성공하면 천문학적으로 돈을 벌 수 있으니 투자를 아끼지 않는 겁니다."

한족들이 북한 당국과 손잡는 방법

왕 사장의 수산물센터는 북한 지도부와 긴밀하게 엮여 있다. 투자금은 전액 중국 측에서 댔지만, 경영은 북한 만수대창작사 산하 무역회사 '백호'와 함께 한다. 왕 사장이 백호와 합영회사를 설립해 센터를 세웠기 때문이다. 만수대창작사는 북한 조선노동당 중앙위원회 직속으로, 북한 미술 분야 최고 집단창작 단체다. 왕 사장은 "북한에서 사업을 크게 벌리려면 반드시 북한 실세와 손잡아야 합니다"라고 말했다.

외국 사업가가 북한에서 사업 이권을 얻기 위해서는 북한 무역회사를 통해야 한다. 흔히 북한 무역성에서 무역회사들을 통합 관리할 것이라 여기지만, 실제로는 당, 군부, 내각산하 기관들이 저마다 무역회사를 맡아 독립적으로 운영하고 있다. 각 무역회사는 독점하고 있는 특정 사업권이 있고, 그 이권에 대해서는 단독으로 의사 결정할 수 있는 권한이 있다. 북한의 무역회사들은 모두 독립적인 공기업처럼 운영되고 있는 것이다.

이렇게 특수한 체계는 북한의 무역제도인 '와크 제도'에서 기인했다. '와크'란 한 무역회사가 독점 취급할 수 있는 무역 품목과 상한액을 뜻한다. 중앙권력이 각 기관에 나눠준 사업권이라고 생각하면 쉽다. 이 제도는 1970년대에 시작돼 1990년대 북한 경제 위기 속에서 외화벌이를 늘리기 위해 확산됐다.

북한에서 가장 탄탄한 무역회사를 운영하는 주체는 군부다. 김정은 집권 이후 군부에 부여한 사업권은 축소되고 당과 내각의 사업권은 강화됐다고 하지만 오랜 선군정치의 영향이 남아 있는 까닭이다. 광산, 농장, 어장 등에서 수익성 높은 사업 상당수가 군부 산하에 편입돼 있다. 게다가 군부는 의사결정 체계가 단순해 수뇌부와 협의만

되면 사업 진행이 수월하다. 당 기관만 해도 당의 지도체계, 보위부, 검찰, 보안성 등의 간섭을 받는 경우가 많다.

중국 사업가가 북한 무역회사와 손잡기 위해서는 유력 인사와 '꽌시'를 맺는 것이 우선이다. 북한은 신분제 사회로 맨 위에 백두혈통이 있고 이어 항일 빨치산 그룹, 일반 간부가 있지만 사업가 입장에서는 간부급과 관계를 맺는 것이 중요하다. 왕 사장도 사업을 추진하면서 북한 나선특구 당 위원회 위원장_{장관급}과 여러 차례 지우시_{밥과 술을 먹으며 우애를 다지는 자리}를 가졌다. 이 과정에서 나선특구 보위부, 군부와도 인맥을 넓혔다.

북한 간부와 꽌시를 맺으려면 3단계를 거쳐야 한다. 초기에는 각종 업무를 처리하며 공적인 관계를 맺고, 다음에는 술자리를 통해 인간적인 유대를 쌓아야 한다. 마지막에는 북한 간부들에게 각종 평계로 선물을 건네거나 금전적 지원을 해주며 관계를 돈독하게 다져야 한다.

왕 사장은 "북한 고위층과 꽌시를 맺는 것은 일회성 사업 허가를 넘어선 수많은 대북 투자 기회를 암시하는 것입니다"라고 말했다. "만약 북한이 1979년의 중국처럼 완전 개방된다면 5년 내에 현재 중국의 경제 수준을 따라 잡을 거라는 미래 예측이 있습니다. 지리적 위치나 풍부한 광산, 관광 자원, 과학자 등 유능한 인재를 고려하면 충분히 가능한 시나리오입니다. 그런데 그때 가서 북한에서 연줄을 찾으면 찾아지겠습니까? 꽌시는 일찍 만들어 놓아야 합니다"라고 말했다.

중국 기업인이 북한 무역회사와 손을 잡으면 운신의 폭은 상당히 넓어진다. 왕 사장은 최근 대북제재로 수산물센터가 개점휴업 상태에 놓이게 되자 의류 사업에 손을 대기 시작했다. 그는 "꽌시를 제대로 닦은 덕분에 제 비공식 사업도 비호를 받고 있습니다"라고 말했다.

왕 사장의 사업 모델은 중국에서 대량으로 여성복을 들여와 북한 시장에서 파는 것이다. 그가 취급하는 여성복은 한국 유행 디자인을 베낀 제품이다. 중국 광저우 시장에서 기성품을 사들이기도 하고, 중국 공장에서 주문 제작하기도 한다. 시장에서 사온 제품은 상표를 없애는 작업을 거쳐 북한에 가져가 판다. 북한에서 한국, 미국 브랜드 옷은 규제 대상이라 아예 로고가 없는 옷을 선호하기 때문이다.

"북한에서는 한국식 의류에 대한 인기가 정말 많습니다. 처음에는 원단을 가져다 북한에서 임가공해 중국에다 팔려고 했는데 북한 현지 상황을 보고 거꾸로 하게 됐습니다. 북한 당국도 너무 많이 파였거나 미국 제국주의를 상징하는 청바지 원단만 아니면 내가 수입하는 옷에 대해 크게 신경 쓰지 않습니다"라고 말했다. 그러면서 그는 북한 남자들은 아직 작업복 같은 단조로운 옷을 유니폼처럼 입어야 해서 남자 옷은 취급하지 않는다고 덧붙였다.

왕 사장은 "사실 이런 사업은 당신같이 중국어를 잘하는 한국인이나 한국 물정에 밝은 조선족이 나보다 더 잘하지 않겠습니까? 그런데 북한은 잘할 수 있는 사람이 아니라 잘 보인 사람에게 사업 기회가 갑니다. 한족 사업가들은 이런 이치를 터득해 북한에서 인정 받고 있습니다"라고 말했다.

중국 명문대를 나온 북한의 간부들

대규모 한족 자본이 북한에 들어가면서 북한은 중국어가 가능한 간부들을 적극적으로 내세우고 있다. 중국 명문대 출신 북한 간부들이 한족 사업가들을 직접 응대한다. 과거에는 한족 사업가와 북한 간부가 대화하려면 통역사가 필요했지만, 이제는 중국어를 공용어처럼 쓰는 경우가 늘어났다.

왕 사장은 "나선 경제특구 당 위원회 위원장은 중국 명문대인 난징대학교 출신이라 중국어를 중국인보다 잘합니다. 나와 소통 문제가 전혀 없었습니다"라면서 "위원장이 대놓고 '스케일이 큰 한족들이 북한에 투자하는 것을 환영한다'고 말하기도 했습니다"라고 말했다.

실제로 중국 명문대 출신 북한 간부는 계속해서 늘어나고 있다. 대북제재 속에서 스위스, 독일 등 주요국들이 북한 유학생을 거부했지만, 중국만은 예외였기 때문이다. 중국대학원의 북한 유학생 수는 2009년 350여 명에서 2015년 1,000여 명으로 크게 늘어났다. 북한 학부생들도 매년 수백 명이 중조교류협정에 따라 베이징대, 베이징어언대 등 중국 명문대에서 공부한다. 중국 정부에서는 이들에게 장학금 형식으로 월 2,000위안약 34만 원 정도를 지급한다.

북한에서 보내는 학생들은 약속된 북한의 미래 엘리트다. 출신 성

분이 좋아야 하고, 여러 단계의 선발 과정 통과는 물론이고 북한 사회
제도에 대한 신념과 충성심까지 인정 받아야 유학 자격을 얻기 때문
이다. 졸업 후 귀국한 학생들은 북한 당, 정 기관과 군부에 배치돼 엘
리트 코스를 밟는다. 초기에는 번역이나 자료수집 등의 업무에 종사
하고, 이후에는 외국대사관에 파견되거나 국제기구, 비정부기구NGO
의 연락관으로 일하는 경우가 많다.

북중 경제 교류가 빈번해지면서 북한 내에서도 '중국어 열풍'이 거
세다. 평양의 공항이나 기차역의 서적 코너에서는 중국어 독학 입문
서와 중국어 번역서적이 가장 많이 팔리고 있고, 평양외국어대학교
에서는 중국어학과가 영어학과, 러시아어학과와 함께 가장 인기가
높다.

조연이 된 조선족과 북한 화교

그간 중국의 대북사업은 조선족, 북한 화교가 주역이었다. 이들은
일찍부터 대북 무역에 뛰어들어 소규모 사업이나 보따리상을 하면서
개인의 부를 축적했다. 그러나 사업을 크게 벌이는 경우는 드물었다.
막대한 투자 자본을 마련할 길이 없고, 중국 정부의 전폭적 지원도 등
에 업지 못한 탓이었다.

가장 먼저 북중무역에 뛰어든 이들은 북한 화교였다. 북한에 연고
가 있는 화교들은 1970년대 후반부터 북한과 중국을 왕래하며 보따
리상을 했다. 북한 화교들은 단둥과 마주 보는 신의주에 모여 사는 경

표6. 중국 주요 지역 조선족 분포 현황(2010년 기준)

지역	조선족 숫자	지역	조선족 숫자
지린성	104만 167명	상하이시	2만 2,257명
헤이룽장성	32만 7,806명	광둥성	1만 7,615명
랴오닝성	23만 9,537명	허베이성	1만 1,296명
산둥성	6만 1,556명	장쑤성	9,525명
베이징시	3만 7,380명	중국 전체	183만 929명

자료: 2010년 중국 인구조사자료, 중국국가통계국

우가 많았다. 이곳에 중국에서 가져온 물품을 바로 팔 수 있는 도매시
장이 일찍부터 조성돼 있었기 때문이다. 북한 화교들은 부를 쌓은 뒤
에는 중국 단둥과 같은 중국 접경 도시에 정착하기 시작했다. 이들은
여전히 북한 무역상과 중국 기업인들을 중개하거나, 북한과 중국을
오가며 장사를 하고 있다.

1980년대 중반부터 조선족들이 북중무역에서 두각을 나타냈다.
이들은 북한에 친척 방문을 핑계로 보따리 무역에 뛰어들었다. 조선
족 사투리와 흡사한 북한말, 접경지역 거주라는 지리적 이점 덕분에
북중무역에서 빠르게 자리를 잡았다. 이들 중에는 대규모 무역회사
를 운영하거나 북한의 백화점, 호텔을 소유한 성공한 사람들이 많다.

그러나 조선족 엘리트들이 북중무역에 종사하기를 꺼려한데다, 끌
어올 수 있는 자본의 한계도 있어 조선족들의 대북 사업 상당수는 소
규모에 그쳤다. 현재 북중무역에 종사하는 조선족들은 대부분 한족

이 운영하는 무역회사에 근무하거나 한족 사업가와 북한 간의 중개 역할을 맡고 있다.

한족들이 북중무역의 중심으로 떠오르면서 북중 교역의 중심지도 이동했다. 조선족들이 모여 사는 지린성 옌볜에서 한족들이 많이 사는 랴오닝성 단둥으로 바뀌었다. 단둥은 한반도와 중국이 연결되는 요충지로, 베이징, 선양 등 중국 대도시와 연결되는 교통이 발달되어 있다. 반면, 옌볜은 북한 수도 평양과 멀고 변경지역이라 교역의 발전에 한계가 있다. 게다가 북중무역이 접경지역에서 제한적으로 이뤄지는 변경무역에서 가공무역 등으로 확대되면서 단둥이 북중 교역의 중심지가 됐다.

사라진 단둥의 한국인 사업가들

단둥의 한인 사업가 A사장은 1990년대부터 대북 무역회사를 운영한 대북사업의 산증인이다. 그는 "5·24조치 이후로 중국의 한인 사업가들이 대북 사업에 발을 못 붙이게 됐어요"라면서 "한인 사업가들이 한꺼번에 사라진 틈을 타서 중국의 국영기업들이 대북 사업을 장악하게 됐고요"라며 한탄했다. 그의 말대로 한인 대북 사업가는 2010년 3월 5·24조치 이후 대부분 자취를 감췄다. 5·24 조치는 이명박 대통령이 북한의 천안함 폭침 이후 내린 대북제재 조치다. 남북 교역 중단, 대북 신규 투자 금지, 북한 선박의 남측 해역 운항 불허 등을 골자로 한다.

5·24조치 이전까지만 해도 중국에서 대북 사업을 하는 한인 사업가가 많았다. 북한산을 무관세로 한국에 수출할 수 있는 관세 혜택이 있었기 때문이다. 이들은 대부분 단둥에 모여 살았고, 주로 의류, 신발, 전자제품 임가공, 수산물 분야에 진출했다. 단둥의 한인 사업가들은 북한회사와 거래할 때 조선노동당 외곽조직인 민족경제협력연합회 단둥대표부를 통해 주문을 넣고 결제 대금을 지불해야 했지만, 실제로는 이런 절차를 생략하고 북한기업과 직거래하는 경우가 많았다. A사장은 "단둥의 한인 기업들이 북한 노동력을 이용한 임가공무역 체계도 만들었다"고 말했다. 개성공단 모델은 사실 단둥에서 먼저 시작된 셈이다.

단둥의 한인 기업들은 5·24조치로 느닷없이 겨울을 맞았다. A사장은 "조치 이후 단둥의 한인 사업가 17명이 자살했어요. 친 기업을 외친 이명박 정권에서 기업인들을 한 순간에 사지로 내몰았지요"라고 말했다. "120만 달러 규모의 의류를 북한에 수출했다가 대금을 못 받은 사람, 북한에 몇천만 달러를 들여서 공장을 세웠다가 빚쟁이들에게 쫓기게 된 사람…."

그의 기억에 따르면 5·24조치가 내려진 당시 단둥 한인교회 출석 인원이 400명 정도였는데, 몇 달 만에 절반이 사라졌다고 한다. 단둥에서 활동하던 대다수 한국 기업들은 문을 닫았다. A사장도 5·24조치가 내려질 당시 680만 달러어치의 북한산 광물을 한국에 수출할 길이 없어 도산 위기였다. 다행히 장쑤성의 중국인 친구가 그의 사정을 들고 원가로 전부 매입해준 덕분에 위기를 넘겼다.

엔지에서 사업을 하는 대북사업가 박 사장도 5·24조치의 피해자다. 2000년대 초에 단둥에서 대북사업에 발을 들인 그는 북한 수산물을 한국에 수출하는 무역회사를 운영했다. "5·24조치 이전만 해도 북한 수산물이 한국에서 인기가 좋았지요. 돈이 되니까 투자를 많이 했어요. 창고만 몇 개를 사들이고, 수산물 운반에 필요한 특수 차량들을 갖췄지요. 그러나 어렵게 틀을 갖춰 일으킨 사업이 하루 아침에 헛고생이 됐어요. 5·24조치가 1~2년 안에 해제된다는 말을 믿고 중국에서 버텼는데 얼마 지나지 않아 헛된 기대인 것을 알았습니다. 요즘은 대북제재가 한층 더 강화되면서 한인 대북사업가는 '멸종' 수준인 것 같아요."

박 사장은 이어 "5·24조치로 이득을 본 건 중국밖에 없어요"라고 말했다. "결국 10년 넘게 한인 기업들이 쌓은 노하우, 임가공무역 체계 등이 고스란히 중국에 넘어갔어요. 한인 사업가 밑에서 일했던 한족 직원들이 한국 사장에게 전수 받은 인맥과 경험을 이용해 대북 사업에 성공한 사례도 많지요." 그는 북한에 의류를 수출하고 있는 한족 사업가를 언급하며 "원래 내가 알고 지내던 한인 사장 밑에서 일했던 직원"이라고 설명했다.

박 사장은 "한인 사업가들이 단둥에서 뿌리 뽑힌 근 10년간 중국 기업인들이 쌓은 대북 사업 경험과 인맥은 우습게 볼 수준이 아니에요"라면서 "앞으로 제재가 풀려도 한국기업이 중국기업과 경쟁하기 어려울 거에요"라고 예측했다.

북중을 잇는
다리가 늘어난다

북중 경협 확대의 또 다른 신호는 북한과 중국을 잇는 다리가 늘어나고 있다는 것이다. 초강도 대북제재 초기에는 국경 다리 건설이 중단되거나, 완공된 다리의 개통이 무기한으로 미뤄졌다. 그러나 오늘날 북중 국경에서는 중단된 공사들이 재개되며 때 아닌 다리 건설 붐이 불고 있다. 양국의 경제 교류 의지가 대북제재의 압박을 넘어섰다는 의미다. 북중을 잇는 새로운 다리들은 향후 폭증할 북중 교역을 예견하고 있다.

10년 만에 개통하는 다리

"저 흰색 다리입니다. 웅장하죠?"

택시 기사가 손으로 가리키는 방향에 북한과 중국 간 경제협력을 상징하는 다리가 있었다. 랴오닝성 단둥의 신압록강대교압록강신교, 鴨綠江新橋다. 중국의 제1 대북 무역도시인 단둥과 북한 최대 무역도시 신의주를 연결하는 자동차 도로용 다리다.[28] 전체 길이 3,016m, 폭 33m, 왕복 4차로로 규모도 큰 편이다. 북중 물류의 핵심 다리인 압록강대교중조우의교가 노후화되자 이를 대체하기 위해 건설됐다.

북중 국경처럼 하천이 경계를 나누는 곳에서는 다리가 양국 간 경제 교류를 뒷받침하는 가장 중요한 시설이다. 대부분의 교역이 자동차 도로용 다리를 통해서 이뤄지기 때문이다. 특히 북한과 중국 사이에 흐르는 압록강과 두만강은 폭은 좁은데 물살은 세서 대형 선박을 이용한 수상 교류는 어렵다. 이 때문에 북중 국경에 들어서는 새로운 다리는 양국 간 교역 확대를 의미해왔다.

그러나 북중 경협의 상징인 신압록강대교는 2014년 완공 이후 지금껏 개통되지 못했다. 북한 쪽 진입로 공사가 진척되지 않았기 때문이다. 다 지어진 다리가 오랫동안 방치되면서 "북한과 중국 간 경제 교류가 마침내 한계를 맞이했다"는 분석도 나왔다.

신압록강대교의 역사는 2009년 10월 원자바오溫家寶 중국 총리의 방북으로 거슬러 올라간다. 원자바오 총리와 북한 지도부가 협의해 다리 건설이 확정됐다. 다리 건설비용 22억 2,000만 위안약 3,629억 원

---

28 신압록강대교는 구체적으로 북한의 신의주 남쪽 용천과 중국의 단둥 궈몐완을 연결하고 있다.

은 중국에서 전액 투자했다. 2010년 12월 착공해 2014년 9월 완공했다. 중국은 완공 즉시 다리가 끝나는 중국 쪽 지역에 출입국사무소^권먼다샤, 國門大廈와 세관을 짓고 개통을 준비했지만, 북한은 다리와 연결되는 도로를 건설하지 않고 고의적으로 개통을 미뤘다. 다리 건설을 주도한 친중파 장성택이 2013년 처형되면서 북중 관계가 냉랭해지자 항의 표시를 한 것이다.

거기다 북한이 3차 핵실험을 필두로 핵 도발을 반복하면서 양국 간 긴장이 고조돼 중국에서도 다리 개통을 꺼리게 됐다. 국내 언론에서는 "북중 경협의 상징이던 신압록강대교가 북중 불화의 상징이 됐다"는 말까지 나왔다.

그런 신압록강대교가 착공 10년만인 2020년 개통을 앞두고 있다. 상업 위성사진 업체 플래닛랩스가 2019년 말 공개한 위성사진을 보면 신압록강대교 북한 쪽 끝단에 새로운 도로가 생겼다. 이 도로는 다리로부터 4.5km 떨어진 신의주~평양 간 국도까지 곧장 연결된다. 이전까지 신압록강대교의 북한 쪽 끝단은 논밭과 이어져 있었다.

신압록강대교가 개통을 준비하고 있다는 조짐은 2019년 10월부터 관측됐다. 북한 측 국도 인근에서 도로 공사가 시작됐고, 비슷한 시기 신압록강대교 북한 측 끝단에 여러 대의 덤프 트럭들이 모여들어 공사 자재를 내리는 모습이 보였다. 도로 포장은 2019년 12월 중순에 마친 것으로 보인다. 단둥에서는 신압록강대교가 2020년 4월 개통될 것이란 구체적인 소문이 돌고 있다. 중국이 북한 쪽 도로 건설 비용은 물론 세관청사와 창고 건설 비용을 다 지원하기로 한 덕분에 공사 진척이 빠르기 때문이다.

단둥의 한인 대북사업가 A사장은 "국제사회의 대북제재가 한창인데도 신압록강대교가 개통 준비를 재개했다는 것은 북중 경제협력이 굳건하게 지속되고 있다는 의미에요"라면서 "개통되기만 하면 신압록강대교는 북중 무역에서 가장 많은 물동량을 소화하는 다리가 될 거예요"라고 말했다.

다리가 일단 개통되면 북중 무역이 장기적으로 크게 확대될 수밖에 없다. 중국의 제1 대북 무역도시와 북한의 제1 대중 무역도시를 연결하는 가장 큰 교량이기 때문이다. 무엇보다 초강도 대북제재 속에서 다리를 개통하는 것은 북중 경협이 국제사회의 압박을 이겨낼 만큼 견고해졌다는 상징적 의미가 있다.

65년 만에 새로 짓는 국경 다리들

2019년 8월 방문한 투먼대교는 한창 공사 중이었다. 중국 쪽 통상구세관 청사는 양복차림에 갓 쓴 듯 대리석 건물에 전통 건축 양식을 살린 기와 지붕을 얹었다. 관광객들이 지나가다 그 앞에 멈춰 서서 기념 사진 촬영을 하곤 했다.

2016년 착공한 투먼대교는 중국 지린성 투먼과 북한 함경북도 온성군 남양을 잇는 다리다. 1941년에 지어진 기존 다리를 대체하기 위해 짓고 있다. 다리 공사장 앞을 지키고 있던 경비에게 "투먼대교는

거의 다 지어져 갑니까?"라고 물어보니 "몇 년간 공사 진척이 더뎠는
데 2018년 김정은 방중[29] 이후 공사가 빠르게 진척돼 지금은 완공이
멀지 않았다"는 대답이 돌아왔다.

투먼시는 시 중심이 두만강 변에 있는 유일한 중국도시이지만, 북
중 교역 운송 통로로 크게 주목 받지 못했다. 지린성 훈춘시와 북한
나선시 간의 통상 규모가 1990년대 들어 급격히 증가하면서 투먼—
남양 국경통과지점 사용이 줄었기 때문이다. 이 때문에 투먼의 국경
통과지점은 상거래보다 북한과 중국 간 친인척 방문을 할 때 쓰이는
경우가 더 많았다.

그러나 투먼시가 2010년 이후 북중 경협에 적극적으로 나서면서
투먼—남양 국경통과지점이 분주해지기 시작했다. 투먼대교도 지역
내 크게 늘어난 북중 물류 수요에 대응하기 위해 건설하게 된 것이다.

투먼시가 주도한 가장 대표적인 사업은 2011년 투먼경제개발단지
에 조성한 '조선공업원'이다. 개성공단을 연상시키는 이곳에서는 중
국인 공장주가 북한 노동자들을 고용해 의류나 전자제품 등을 생산
한다. 약 4,000명의 북한 노동자가 일하고 있는 것으로 알려졌다.

관광개발 사업도 진행 중이다. 투먼시와 북한은 2012년 5월 온성
읍 앞 두만강에 있는 온성섬을 공동개발하기로 합의했다. 온성섬은
외국인 대상 휴양관광서비스단지로 꾸며져 승마장, 골프장, 수영장

---

29 2018년 5월 7~8일 김정은 북한 위원장의 2차 방중을 가리킨다.

등 고급 휴양 시설들이 이곳에 들어서게 된다. 이와 연계해 두만강 내 중국 섬들과 온성섬을 하나로 묶어 개발한다는 '초국경문화관광합작구' 계획도 추진 중이다. 50억 위안약 8,500억 원이 들어가는 대규모 사업이다.

북중 관계의 역사를 되돌아보면 요즘같이 양국을 이어주는 다리들이 많이 건설된 적이 없었다. 해방 이후 2010년까지 65년간 북중 국경에는 단 하나의 다리도 새로 건설되지 않았다. 양국이 서로를 경제협력의 관점보다 안보적 관점에서 바라봤기 때문이다.

그런데 2010년 이후 북중 교역이 급증 추세를 보이고 중국이 '동북지역진흥전략'을 본격 추진하면서 4개의 북중 국경대교가 착공됐다. 랴오닝성 단둥의 신압록강대교개통 예정, 지린성 지안의 지안—만포대교임시 개통, 지린성 투먼의 투먼대교투먼—남양, 건설 중, 지린성 훈춘의 신두만강대교훈춘—나선, 개통가 새롭게 들어선 다리들이다.,

이 4개의 다리는 북중 접경 1,334km의 시작과 끝에 걸쳐 있다. 단둥은 북중 접경의 서쪽 끝이자 압록강 하구이고, 지안은 압록강 중류, 투먼은 두만강 상류, 훈춘은 북중 접경의 동쪽 끝이자 두만강 하구에 있는 북중 교역 거점이다.

사업 비중이 크거나 지도부와 관련 있는 다리는 중앙정부가, 그렇지 않은 경우는 지방정부가 나섰다. 북중 신압록강대교와 지안—만포대교는 북중 중앙정부가 건설을 주관했고, 신두만강대교와 투먼대교는 지방정부가 맡았다. 교량의 설계와 건설은 지안—만포대교를 제외

표7. 2010년 이후 건설된 북중 국경교량 비교

구분		신압록강대교	지안-만포대교	신두만강대교	투먼대교
협정 체결		2010.2.25	2012.5.10	2014.6.27	2015.9.15
건설 주관	북한	국토환경보호성	국방위원회 인민무장역량부	나선시 인민위원회	함북도 인민위원회
	중국	교통운수부· 상무부	교통운수부	지린성 인민정부	지린성 인민정부
설계·건설 담당		중국	**북한 주도**	중국	중국
건설 후 관리		**공동관리**	**공동관리**	**공동관리**	**공동관리**

하고는 전부 중국 측에서 맡았고, 비용도 중국이 대부분 부담했다.

북한이 예외적으로 지안—만포대교 건설을 주도하는 이유는 2010년 8월 김정일이 방중 때에 지안—만포철교를 이용했다는 역사적 의미 때문이다.

새로운 다리들이 들어서면서 북중 접경지역에 세관 역할을 하는 통상구, 부대설비, 무역창고 등이 신·개축되기 시작했다. 북한도 이례적으로 국경 지역의 낡은 건물들을 철거하고, 회령시 국경통과지점 세관 등 새 시설을 지었다. 제재 속에서도 일어나는 변화들이다. 2019년 2월 하노이회담 합의 불발로 제재 완화 기대는 무너졌지만 지안—만포 통상구는 예정대로 그 해 3월에 개통됐다.

철로에서 도로로 바뀐다

"북중 접경지를 철로가 아닌 자동차 도로용 다리로 잇는 이유가 무엇인지 아십니까? 중국이 단기간 안에 북한과의 교역 규모를 확대하기 위한 방편입니다."

지린성 옌지에서 투먼대교까지 나를 데려다준 최씨가 내게 말을 건넸다. 그는 옌지의 무역회사 중역으로 종종 평양에 출장을 다녀오는 터라 북한 내부 사정에 밝았다.

"북한으로서는 망신스러운 말을 좀 하겠습니다. 북한의 기차 운행 조건이 좋지 않습니다. 철로가 중간에 끊겨 있거나 아예 길이 나지 않은 지역도 많습니다. 그러다 보니 기차 운송이 트럭 운송보다 비용이 저렴한데도 북한에서는 주로 도로를 이용해 물류를 운송합니다."

최 씨는 말을 이어갔다. "그러니 중국이 북중 국경에 철로 대신 대교를 건설하는 것은 북한 내부 교통 인프라 사정을 고려해주는 배려입니다. 당장 북한과 교역을 늘리고 싶다는 의중이 담긴 거지요. 2003년부터 시작된 중국의 동북지역진흥정책에서도 북중 접경지를 잇는 운송 통로로 철로보다 자동차 도로용 다리를 건설하도록 유도하고 있습니다."

최 씨의 말대로 북중 접경지역을 잇는 운송 통로는 철로에서 자동차 도로용 다리로 바뀌고 있다. 현재 개통된 북중 국경 철로는 단둥—신의주, 지안—만포, 투먼—남양 3곳뿐이다. 모두 1930~1940년대에 지어졌다. 2010년부터 훈춘 슈아이완즈와 북한 함북 경원군 훈융리

그래프4. 북중 철로와 도로 통상구의 통관량 추이 비교

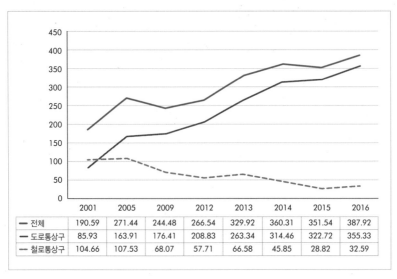

	2001	2005	2009	2012	2013	2014	2015	2016
전체	190.59	271.44	244.48	266.54	329.92	360.31	351.54	387.92
도로통상구	85.93	163.91	176.41	208.83	263.34	314.46	322.72	355.33
철로통상구	104.66	107.53	68.07	57.71	66.58	45.85	28.82	32.59

자료:중국통상구연감

그래프5. 북중 전체 통관량에서 단둥 철로와 도로 통상구가 각각 차지하는 비중

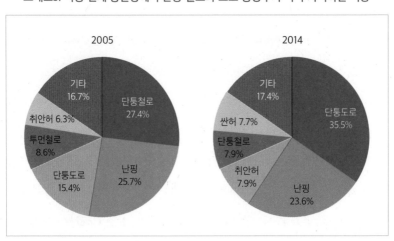

자료:중국통상구연감

그림1. 북중 접경지역의 철로와 도로 통상구

를 연결하는 철로 공사가 추진되고 있지만 아직 개통 전이다. 그에 비해 현재 사용 중인 자동차 도로용 다리는 11곳에 달하고, 개통을 앞둔 다리도 두 곳이다.

국경 철로의 통관 화물량도 뚜렷한 감소세다. 북중 전체 통관량에서 차지하는 비중이 크게 줄고 있다. 국경 철로와 자동차 도로용 다리의 통관량 추이를 보면 2013년을 기점으로 자동차 도로용 다리의 통관량은 급증했지만, 철로의 통관량은 급격한 감소세를 보였다. 2001년과 2016년의 통관량을 비교하면, 자동차 도로용 다리의 통관량은 12배 가까이 늘어난 반면, 철로의 통관량은 3분의 1 수준이 됐다.

특히 단둥의 통관이 자동차 도로용 다리 중심으로 급격하게 재편되고 있다. 북중 전체 통관량에서 단둥의 자동차 도로용 다리의 통관량이 차지하는 비중은 2016년 42.9%에 이른다.

북중 국경은 경협의 가교

북한과 중국은 1,334km에 걸친 긴 국경선을 마주하고 있다. 북한은 두만강 하류 약 15km에 이르는 러시아와의 국경 구간을 제외하면 대륙으로 이어진 북쪽 경계는 전부 중국과의 경계로 이뤄져 있다. 남북 분단으로 남방을 향한 통로가 단절된 북한에게 대외관계에서 북중 국경의 중요성은 클 수밖에 없다.

중국도 북중 국경은 중국이 접한 15개국의 국경 중 상대적으로 안정적인 경계로 꼽혀 경제 개발 가능성이 높다. 1990년대 이후 탈북자가 속출하고 북한의 핵실험으로 정세가 불안해지는 가운데서도 북중 국경은 비교적 평온을 유지했기 때문이다.[30]

이렇듯 북중 국경이 양국에게 모두 중요한 경제적 가치를 갖고 있지만, 역사적으로 북중 국경은 경제협력의 가교로서 큰 역할을 하지 못했다. 냉전시대에 북한과 중국은 대외적으로 공고한 동맹을 과시했지만, 북중 국경에서는 보따리상이 오갈 뿐이었다. 중국의 일방적인 대북 지원이 북중 경제 교류의 대부분을 차지했다. 안보와 이념 위에 맺어진 전략적인 북중 동맹에서 경제협력의 중요성이 낮았던 탓

---

30 『북한-중국 국경: 역사와 현장』, 세종정책총서 2017-7, 이종석, 세종연구소, 2017년 6월 28일

이다.

중국 문화대혁명 시기에는 양국 관계가 악화되면서 북중 국경 무역이 오랫동안 중단되기도 했다. 1970년 9월부터 1981년 9월까지 전면 중단됐다. 교역이 다시 이어진 것은 1982년이었다. 압록강에서 평안북도와 랴오닝성이 북중 무역의 재개를 알렸다.

2010년이 돼서야 북중 경제협력은 활기를 띠기 시작했다. 계기는 2009~2010년 열린 일련의 북중 정상회담이었다. 2009년 10월 원자바오 중국 총리가 양국 수교 60주년을 기념하기 위해 평양을 방문해 김정일 국방위원장과 회담을 했다.

2010년에는 김정일 국방위원장이 두 차례에 걸쳐 중국을 방문해 경제발전 지역들을 시찰했다. 이 과정에서 북한은 경제 개방에 눈을 떴고, 중국은 북한과 인접한 지방정부들과 민간기업들이 대북 경제협력의 필요성을 절감하기 시작했다. 2010년 이후 양국은 나선시, 황금평, 위화도 지역에 북한과 중국이 공동으로 개발하고 관리할 경제특구를 만들기로 합의했다.

북중 국경의 다리 건설 붐은 2010년부터 본격화된 북중 경협이 확대되고 있다는 징표다. 초강도 대북제재가 시작된 초기에는 국경 다리 공사가 중단되고, 다리 개통이 무기한으로 연장됐다. 그러나 오늘날의 북중 국경에서는 중단됐던 공사가 재개되고 미뤄왔던 각종 기반시설 건설로 분주하다. 양국의 경제 교류 의지가 제재의 압박을 극복할 만큼 굳건하다는 뜻이다.

표8. 중국 정부가 지정한 국가급 북중 국경통과지점

종류	지역
철로 국경통과지점	단둥, 투먼, 지안, 훈춘(미개통)
도로 국경통과지점	단둥, 훈춘, 취안허, 샤퉈즈, 난핑, 구청리, 창바이, 린장, 지안

중국이 대부분의 북중 국경통과지점들을 '국가급 국경통과지점'으로 지정한 것도 의미하는 바가 크다. 중국 국무원은 2016년 1월에 중국 국경지방의 경제를 발전시키기 위한 개발 개방 중점지구 72곳을 선정해 발표했는데 이 중 15개가 북중 국경통과지점이었다. 중국 정부가 북중 국경 다리의 중요성을 공개적으로 강조한 셈이다.

새로 건설된 북중 국경의 다리들은 향후 북중 경협 확대를 위한 초석이다. 제재가 조금이라도 느슨해지거나 해제된다면 북중 접경지역에서 양국의 경제 교류가 크게 늘어날 가능성이 높다. 북한과 중국의 경제적 결속이 강화되고 있다.

중국
지방정부가 나선다

최근 북중 경협에서 나타난 가장 큰 변화는 '민民'에서 '관官'으로 주도 세력이 바뀐 것이다. 북한과 국경을 맞댄 중국 지방정부들은 2016~2020년 계획13차 5개년 계획에서 북한과의 경협을 최우선 과제로 내세웠고, 북한도 이에 호응하며 '국가경제발전 5개년 전략2016년'에서 대외경제 확대를 중요 전략으로 삼았다. 중국 지방정부가 적극적으로 나선 덕분에 북중 경협은 제재 속에서도 차질 없이 빠르게 확대되고 있다.

항구 없는 중국 지방도시의 '해양도시' 전략

지린성의 작은 도시 훈춘에는 항구가 없는데도 '항무국'이 있다. 지린성 정부가 '차항출해借港出海' 전략을 추진하고 있기 때문이다. 차항출해는 글자 뜻 그대로 '항구를 빌려 바다로 진출한다'는 전략이다. 동해 쪽 출구가 막힌 중국은 훈춘에서 50여km 떨어진 북한 함경북도 나진의 항구를 빌려 뱃길을 이용하고 있다. 2011년 1월 처음으로 석탄 1만 7,000톤을 나진항에서 상하이로 운송한 것을 시작으로 제재 속에서도 활용 빈도를 늘리고 있다.

지린성 정부는 장기적으로는 나진항을 이용해 중국 동북 지역의 광석·곡물·목재 등 풍부한 자원을 중국 동남부 공업지역으로 운송하려는 계획을 갖고 있다. 해상 항로를 통한 운송 방식이 육로보다 시간과 비용을 대폭 줄일 수 있기 때문이다. 나진항은 규모가 큰데다 수심이 깊고 겨울에도 얼지 않아 이용 가치가 크다.

동해 쪽 출구가 막힌 중국은 오래 전부터 나진항에 관심을 보여 왔다. 중국은 넓은 땅덩어리를 품고 있지만 동북 지역에서 바다와 접하는 곳은 없다. 중국 영토가 북한과 러시아를 사이에 두고 동해 쪽으로 뻗어 내려오다 동해로 흘러들기 15km 전 팡촨에서 뚝 끊기기 때문이다. 내륙에 갇힌 지린성과 헤이룽장성 등 중국 동북지역 도시들은 출해권이 없이 물류 운송에 어려움을 겪어 왔다. 1,000km 이상 떨어진 중국 랴오닝성 다롄항, 잉커우를 주로 이용했다. 육로를 통해 항구까지 옮기는 데 많은 비용과 시간이 든다.

중국은 나진항을 빌리기 위해 치밀하게 준비했다. 북한이 1991년 12월 중국의 경제특구를 모방해 나진시와 선봉군 일부를 자유무역특구로 지정하자 중국은 나선과 마주보는 훈춘을 물류 거점 도시로 키우기 시작했다. 2008년에는 훈춘에 항무국을 세우고, 인구 25만 명의 작은 도시를 100만 도시로 키우겠다고 공언하며 '동북아 물류 거점도시'라는 타이틀까지 붙였다.

2010년, 중국은 그토록 원하던 나진항 부두를 손에 넣었다. 나진항 부두 50년 사용 권한을 북한으로부터 획득한 것이다. 나진항에 추가로 3곳의 부두를 건설해 주고, 지린성 취안허와 나선을 연결하는 고속도로와 철도 건설을 약속한 대가다. 부두 한 곳을 짓는 데 드는 비용은 2,000억 원 이상으로, 중국이 나진항 확보에 투자를 아끼지 않았다는 사실을 보여준다.

그림2. 나진항을 이용한 중국 국내 물류 노선

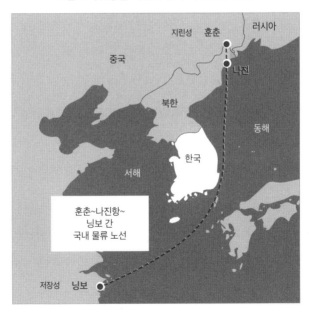

지린성 정부는 이후에도 직속적으로 차항출해 전략을 확장해갔다. 2011년에는 중국과 북한이 나선 경제특구 30만㎢ 공동 개발에 합의하고, 2012년 나선경제특구 공동관리위원회를 구성했다. 나선직할시는 특별시로 승격되면서 투자 기업에 대한 세제 혜택이 강화됐다. 2014년부터는 나진항에서 중국 상하이, 닝보를 연결하는 남방항로를 푸젠성 취안저우, 광둥성 광저우까지 연장하는 방안을 추진했다. 훈춘은 고속철이 놓이면서 급성장했다. 중국 선양~창춘~지린~훈춘까지 고속철로 4시간이면 도착할 수 있는 쾌속 교통망이 구축됐다. 기존의 일반 열차를 이용하면 최대 13시간이 걸리던 구간이다.

　　2020년에는 훈춘에 나진항과 연계되는 국제 내륙항을 짓는다. 2022년 완공을 목표로 한다. 중국 저장성의 닝보저우산항만그룹이 5억~10억 위안약 844억~1688억 원을 투자해 약 2㎢ 규모로 조성될 계획이다. 내륙항은 육상과 수상 운송의 연계를 위해 건설되는 시설이다. 우셴저吳賢哲 훈춘시 부시장은 "동북아 지역 무역과 물류를 발전시키기 위해 내륙항을 건설할 예정"이라며 "상품과 컨테이너 보관 및 운송의 지역 중심지로 기능하게 된다"고 말했다.

　　지린성 정부는 나진항 외에도 청진항, 김책항 등 북한 항구를 연결하기 위해 중국과 북한의 육로 통로 연결에 나서고 있다. 투먼—나진, 투먼—온성—청진, 룽징—카이산툰—삼봉리—청진, 난핑—무산—청진, 창바이—혜산—김책 등이 지린성 정부가 개척했거나 건설 추진 중인 통로다.

지린성 정부의 차항출해 전략은 북한과 국경을 접하고 있는 지방 정부가 대북 경협에 그어느 때보다 적극적이라는 사실을 보여준다. 지린성과 랴오닝성은 대북 경협을 통해 지역 경제를 발전시키고자 하는 욕구가 유달리 크다. 이들 지역은 모두 과거 중국 중화학공업의 요충지였으나 80년대 이후 중국의 경제 구조 변화로 고속 성장의 사각지대에 놓인 곳이다. 이 때문에 이들 지역의 정부 관료들은 사활을 걸고 대북 사업을 추진하고, 북한 측 주요 인사와의 네트워크를 쌓아가며 경협이 차질 없이 추진하되도록 심혈을 기울인다. 북한과의 경협 확대가 지역 경제를 일으킬 것이라 믿고 있는 것이다.

민에서 관으로

2010년 이후 북중 경제 협력에서 나타난 가장 큰 변화는 '민民'에서 '관官'으로 주도 세력이 바뀌었다는 것이다. 중국 중앙정부의 승인 아래 동북지역이 대북 경협을 경제 발전의 엔진으로 삼으면서 북중 간에 다양한 사업이 빠르게 추진되기 시작했다. 중국은 후진타오 집권 직후인 2003년, 중국에서 상대적으로 개발이 뒤처진 동북지역을 개발하기 위한 '동북지역진흥전략'을 채택했다. 동북지역은 북한과 국경을 맞대고 있는 지린성, 랴오닝성 외에 헤이룽장성도 포함된다.

동북지역진흥전략에는 북중 접경지역의 교통망 확충 등 대규모 개발 계획이 다수 포함되어 있다. 중국 동북지역은 2004년 동북지역진흥의 구체적 방안으로 랴오닝 연해경제벨트, 선양경제구, 창지투창춘·

지린·투먼 개방 선도구, 하다치 공업지역 등 4대 경제벨트를 발표했다.

2009년에는 동북지역진흥정책의 위상이 한층 더 높아졌다. 국가급 개발 프로젝트로 격상된 것이다. 중국 중앙정부는 동북지역 인프라 건설을 비롯한 종합 발전 계획을 지휘하고 지방정부는 발 빠르게 각종 사업을 추진했다. 중국 국무원은 랴오닝연해경제벨트발전계획과 창지투개발개방선도구를 위한 중국두만강구역 합작개발계획요강 등 국가급 정책을 발표했다. 지린성과 랴오닝성을 겨냥한 이 두 개의 정책은 중국이 동북지역을 통해 바다로 진출하는 출구 확보가 가장 큰 목표였다. 랴오닝 연해 개발은 랴오닝성 다롄, 단둥과 북한의 신의주를 잇고, 창지투 개발은 지린성과 북한 나진을 연결한다. 내륙에 갇혀 있는 지린성과 헤이룽장성의 출해권을 확보하자는 의미다.

특히 창지투 선도구 개발계획지린성의 창춘-옌지-투먼'이 주목을 많이 받았다. 이 계획은 훈춘을 창구로, 옌지-룽정-투먼을 최전방으로, 창춘-지린을 엔진으로, 동북 후배지를 버팀목으로 한다는 구상이다. 8대 중점 공정에는 두만강 지역 국제무역지대 건설, 창지투 국제내륙항구, 현대적인 물류 지역 건설 등이 들어가 있다. 훈춘의 차항출해 전략도 바로 창지투 개발 계획 안에서 중국 동북지역과 북한의 물류를 연계하기 위해 추진한 것이다.

현재 창지투 개발 지역의 인프라 건설은 완성 단계에 있다. 중국의 계획에 따르면, 2020년까지 개발 관련 투자를 마무리한다. 훈춘에서 나진항까지 고속도로와 철로 건설 계획은 이미 수립되어 있다. 창춘에서 훈춘까지 고속도로와 철도가 이미 연결되어 있기 때문에 창지투 개발 지역과 나진항 간의 종합적 교통망은 향후 차질 없이 형성될 것으로 전망된다.

정부가 주도하는 북한 자원 사냥

중국의 지방정부들은 북한 자원 투자에도 적극적으로 뛰어들고 있다. 중국 기업에 자금을 지원하거나 직접 중국 정부와 투자 계약을 맺는 식으로 북한 자원을 확보한다. 중국의 북한 자원 투자는 대부분 MOU 체결에 머물고 있지만 선점 효과가 크기 때문에 가볍게 볼 일은 아니다.

현재 북중 간에 공동 개발을 합의한 광산은 수십 곳에 달한다. 한반도 최대 구리 광산인 북한 양강도의 혜산 광산을 비롯해 함북 무산 철광, 평남 용흥 몰리브덴 광산, 평북 선천 금광, 평북 은파 아연 광산, 평북 용문 탄광 등이 북중 간에 공동 개발을 합의하거나 개발 계약을 맺은 곳이다. 2000~2015년 중국 대북투자의 60% 이상이 광업 분야에 집중됐다.

중국의 북한 자원 투자는 2002년 중국이 해외진출 전략을 계기로 점차 확대됐다. 2001년 WTO에 가입한 중국은 중국기업들의 해외 진출을 지원하기 위해 2002년 '저우추취' 전략을 추진했다. 이 정책으로 중국인들의 해외 투자가 합법화되고 중국의 해외투자 관련 제도와 전략이 정비됐다.

표9. 2000~2017년 중국 9개 성(省)의 대북 무역 규모 (단위: 백만 달러)

구분	수입 총액(%)	수출 총액(%)
랴오닝성	14,267(45.0)	9,785(43.8)
지린성	5,846(18.4)	3,504(15.7)
헤이룽장성	4,562(14.4)	46(0.2)
산둥성	2,229(7.0)	4,674(20.9)
장쑤성	1,710(5.4)	2,086(9.3)
허베이성	875(2.7)	1,989(8.9)
베이징	546(1.7)	86(0.3)
상하이	503(1.5)	63(0.2)
광둥성	1,101(3.4)	77(0.3)

자료: 한국무역협회

　중국 정부는 저우추취 전략 실행 초기부터 개발도상국을 우선적으로 투자했다. 특히 폐쇄적인 정치체제를 가졌지만 자원이 풍부한 국가에 투자를 아끼지 않았다. 이란, 미얀마, 아프리카 등이 대표적인 투자처였다. 이들 국가는 정치적으로 불안정하고, 국제사회로부터의 고립돼 중국의 투자를 반겼다. 중국은 다른 나라와의 경쟁 없이 이들 국가로부터 주요 자원을 싸게 매입해 경제 발전의 엔진으로 썼다.

　바로 이런 기조 속에서 중국의 대북 투자가 확대됐다. 북한은 중국에게 매력적인 자원 투자 대상이었다. 지리적 인접성, 자원 매장량, 광산의 가치 등 여러 면에서 투자 가치가 높았기 때문이다. 2000년대 들어 중국은 고속 성장으로 석유, 석탄, 구리 등 원자재 수요가 급증했지만 국제가격이 비싸 골치였는데 북한에는 중국이 필요한 자원들이 풍부했다.

무엇보다 북한 자원을 독점할 가능성이 높게 점쳐졌다. 북한은 항만시설이 열악해 육상으로 물자를 운송해야 하기에 국경을 맞대고 있는 국가가 아니면 투자가 어려웠다. 국제적으로 분쟁을 해결할 수 있는 수단이 많지 않아 정치적 동맹관계를 맺고 있지 않으면 투자 리스크가 컸다.

중국 정부는 북한을 자원 공급 기지로 낙점하고 대대적인 대북 투자에 나섰다. 북한에 전력을 제공하고 인프라를 건설하고 생산설비를 새것으로 교체했다. 2012년 중국의 대북 투자 규모는 처음으로 1억 달러를 돌파했다.

중국이 설득해서 만드는 북한의 경제 특구[31]

1992년 이후 오랫동안 북중 국경 일대에는 양국 경제 협력을 위한 경제특구가 설립되지 않았다. 중국은 1992년 국무원 비준을 받은 단둥변경경제합작구와 훈춘변경경제합작구를 설립해 운영했다. 변경경제합작구는 국가급 개발구다. 중앙정부로부터 시설 조성 지원금을 받고, 입주기업은 세제 혜택을 받는다. 그런데도 20년 동안 북중 국

---

31 『북한-중국 국경: 역사와 현장』, 세종정책총서 2017-7, 이종석, 세종연구소, 2017년 6월 28일

경에서 이 두 곳의 경제합작구 외에 새로운 북중 경제 협력단지가 개발되지 않았다.

그러나 2010년 이후 변화가 발생했다. 긴 정체기를 깨고 2012년에 투먼시가 북한 산업노동자를 유치한 조선공업원을 건설하였으며, 2015년 3월에는 중국 국무원이 세계적인 철광산이 소재한 함경북도 무산 맞은 편 허룽시 난핑에 허룽변경경제합작구 건설을 비준했다. 허룽시는 시 중심에서 이곳에 이르는 약 50km의 철로를 완공했으며 2014년에 북한 무산광산과의 협력을 전제로 100만 톤 규모의 철정제분 선광공장을 완공하는 등 변경경제합작구 건설을 빠르게 진행하고 있다. 뿐만 아니라 지안에서도 국무원 승인을 목표로 변경경제합작구 건설을 추진하고 있다. 이 경제합작구는 북한의 만포경제개발구, 위원공업개발구 및 자강도 강계시와의 협력에 기대를 걸고 건설되고 있다.

북한도 2013년부터 외국자본의 유치를 목표로 국경 일대에 다양한 경제개발구를 지정하며 경제개발을 도모하고 있다. 북한에서 경제개발구란 '국가가 특별히 정한 법규에 따라 경제활동에서 특혜가 보장되는 특수경제지대로서 해당 국가가 다른 나라의 투자를 끌어들여 경제를 발전시킬 목적으로 국내의 다른 지역과 구별하여 투자와 기업들의 생산, 봉사, 과학기술 연구활동에 보다 유리한 환경을 보장해주는 특정한 지역을 뜻한다. 개발구에는 여러 분야의 사업기능을 결합한 종합 경제개발구와 함께 공업, 농업, 관광, 수출가공, 첨단기술

개발 등을 전문하는 전문형 경제개발구가 있다.

북한은 2013년 5월부터 2016년 말까지 전국에 21개의 경제개발구를 지정했으며 이 가운데 8개가 압록강, 두만강 연안의 국경지방에 있다. 북중국경에는 이미 경제특구로 지정받은 곳이 3개 더 있다. 따라서 11개의 경제개발구가 국경 일대에 분포돼 있는 셈이다. 주목할 점은 국경의 경제개발구 대부분이 중국 측의 적극적인 설득이나 협의 아래 설치됐다는 사실이다. 예컨대 나선경제무역지대와 황금평, 위화도경제개발구는 북중 공동개발, 공동관리 지역이고, 온성섬관광개발구와 경원경제개발구, 무봉국제관광특구는 북중공동개발이 약속돼 있는 곳이다. 북한 경제개발구 중 황금평, 위화도 경제개발구 등 상당수는 대북 경제제재의 영향으로 추진이 부진하거나 추진 속도가 더디지만 향후 언제든 폭발적으로 부중 경협 확대를 견인할 가능성이 있다.

3부

한국에게 기회는 있는가

통일은 멀고
개방은 가깝다

북중 경제 협력은 국제사회의 제재를 뚫고 확대되는데 한국은 통일 이후 장벽 없는 남북 경협의 미래만 기다리고 있다. 현실은, 통일은 먼 미래고, 북한의 경제 개방은 가까운 미래다. 북한은 이미 선군시대를 지나 경제 건설 총력 시대로 들어섰다. 시장화와 북중 무역을 원동력으로 빠르게 경제 개방 준비에 나서고 있다. 만약 중국과 북한이 경제적으로 결속된 현 상태에서 북한이 기습적으로 개방한다면 남북 경협은 수많은 걸림돌을 만날 것이다.

여기만 집값이 오릅니다

"중국 전역의 집값, 땅값 다 내려가는데 단둥만 거꾸로 올라가고 있어요.”

　2019년 8월 단둥 신청취귀먼완신취, 國門灣新區의 부동산중개업소에서 만난 중개업자 양씨는 “북한의 개혁·개방에 베팅하는 투자자들이 단둥으로 몰리네요”라며 호들갑을 떨었다.

　중국 랴오닝성 단둥은 압록강을 사이에 두고 평안북도 신의주와 맞닿아 있는 도시다. 인구 238만의 크지 않은 도시지만, 북중 교역의 중심지다. 북중 공식 무역의 70% 이상이 단둥에서 이뤄진다. 단둥 내 대북 무역에 종사하는 중국 회사는 400여 개, 중국에 진출한 북한 무역회사는 약 120개가 있다.

　단둥에서도 투자자들이 몰리는 곳은 신청취다. 이곳은 단둥시가 북한과의 교역 확대에 대비해 도시 외곽에 조성한 신도시다. 시는 도심의 단둥시청을 이곳으로 이전했고, 단둥 주재 북한영사관도 따라서 옮겨왔다. 단둥과 신의주를 이어줄 새 다리인 신압록강대교도 여기에 있다. 야심차게 만든 신도시였지만, 신청취는 꽤 오랫동안 단둥의 골칫거리였다. 2017년까지만 해도 분양 실적이 부진해 짓다 만 아파트가 많고 도시에 주민이 보이지 않아 ‘귀신 도시’로 불릴 정도였다.

　그러나 ‘북한이 개혁·개방에 나설 조짐이 보인다’며 투자자들이 모여들자 반전이 일어났다. 단둥 신청취 아파트 거래 가격은 1년여 사이 두 배 가까이 치솟았다. 이 지역의 한 고급 아파트는 2018년 2월만 해도 1㎡당 4,000위안약 68만 원에 거래됐지만, 2018년 4월 남북정상회담 직후에는 5,500위안약 93만 원으로 뛰었고, 2019년 8월에는 7,000

위안약 119만 원까지 올랐다. 다른 아파트들도 비슷한 가격 상승세를 보였다. 새 아파트는 분양 매진 사례를 기록했다. 단둥의 신규 주택 분양가는 2018~2019년 중국 내 70개 도시 중에 상승률 1위를 여러 차례 기록했다.[32]

단둥 시정부는 신청취가 단숨에 '단둥의 강남'으로 떠오르자 이 지역을 '투기 억제지역'으로 지정했다. 외지인들은 신청취에서 신규 주택을 구매하면 2년 뒤에나 매각할 수 있다. 중개업자 양 씨는 "돈 좀 묶이면 어때요? 신청취의 고급 아파트 가격은 아직도 상승 여력이 있어 몇 년 뒤에는 1㎡당 1만 위안약 169만 원까지 오를 테니 마음 놓고 사 놓으세요"라고 말했다. "집을 보러 오는 한국인 투자자도 꽤 많다"고 덧붙였다.

북한과 국경을 맞대고 있는 다른 중국 도시에서도 부동산 투자 열기가 지펴지고 있다. 지린성 훈춘에는 베이징, 상하이, 항저우 등에서 찾아오는 투자자들이 많아 2019년 말 아파트 호가가 전년 동기 대비 절반 가까이 올랐다.

촉이 민감한 중국인 투자자들이 북한 접경 도시 부동산 투자에 열을 올린다는 것은 북한 개혁·개방이 그만큼 가까워 왔다는 신호다. 2010년 이후 북중 무역 규모가 급증하고, 북한에 외국인 투자에 유리

---

32 중국국가통계국은 중국 내 70개 주요 도시의 신규분양주택 판매가격 자료를 발표하고 있다. 단둥은 2018년 4, 5월, 2019년 3월 상승률 신규분양주택 판매 1위를 기록했다.

한 특수경제지대가 늘어나면서 이 같은 기대감이 높아졌다. 2016년부터 시작된 초강도 대북 제재는 북한 개방에 대한 기대감을 꺾기는커녕 '싼 값에 많이 사들일 수 있는' 가격 조정의 기회로 여겨졌다.

중국인 투자자들은 북한이 일단 개방되면 북중 경협이 폭발적으로 늘어나며 북한과 국경을 접한 중국 도시들이 대도시로 변모하리라 예측한다. 도시의 위상이 달라지면 가장 가파르게 오르는 것은 부동산 가격일 것이다.

특히 중국인들은 자국 개혁·개방에서 얻은 학습 효과 때문에 북한과 접한 중국 도시 투자에 적극적이다. 1978년 중국이 개혁·개방을 시작하자 전초기지였던 중국 선전은 수년 만에 미개발 어촌에서 중국 제일의 부촌으로 바뀌었다. 당시 선전의 집값 상승을 견인한 것은 홍콩, 대만, 동남아 화교 자본이었다. 이들이 달려들자 부동산 가격은 천정부지로 치솟았다. 수많은 중국 본토의 부자들은 선전의 부동산 투기 열풍을 두고 '묻지마 투자', '버블'이라며 비웃다 기회를 놓쳤다. 그때의 쓰라린 기억이 북한과 접한 중국 도시 투자에 매달리게 하는 것이다.

다롄의 한인 사업가 이 사장은 "중국에서 북한 개방은 금방이라도 일어날 일처럼 여겨져요"라고 말했다.

"한국에서 북한 이야기가 나오면 다들 통일 이야기를 해요. 사업가를 만나든 정치인을 만나든 다들 언제 어떻게 남북이 통일될 지 거창하고 추상적인 이야기를 하지요. 그런데 중국인들에게 북한을 화두로 꺼내면 바로 '개혁·개방' 이야기로 이어져요. 구체적으로 북한의 개방이 중국 어느 지역, 어느 산업에 영향을 끼칠지를 나열합니다. 그럴 때마다 '북한의 개방이 멀지 않았구나' 생각이 들지요."

붕괴한 북한 붕괴론

"우리가 북한에 대해 명확하게 아는 것은 딱 두 가지가 아닐까 싶습니다. 하나는 우리가 북한을 몰라도 너무 모른다는 점이고, 또 하나는 붕괴한 것은 북한이 아니라 닳고 닳은 '북한 붕괴론'이라는 점입니다."

50여 차례 방북한 북한 전문가 박한식 미국 조지아대학 명예교수가 2018년에 한 말이다. 박 교수의 말대로 한국은 '북한 붕괴론'에 집착한 역사가 길다. 북한이 어느 날 갑자기 무너지고 남북은 하루 아침에 통일 국가가 될 것이라고 믿어온 것이다.

한국에서 북한 붕괴론이 본격적으로 제기된 것은 1990년이었다. 1989년 11월 베를린 장벽이 무너지고 이듬해 10월 독일이 통일되자 한국은 그 어느 나라보다 흥분했다. 세계에 남은 유일한 분단국이 됐으니 남북 통일도 금방 찾아올 것이라 기대한 것이다. 이어 1991년 말 구 소련이 해체되고 1992년 한국과 중국이 국교를 정상화하자 북한 붕괴가 가까워졌다는 주장이 정치권과 학계 곳곳에서 터져 나왔다.

1994년 김일성 주석이 사망했을 때는 '북한이 빠르면 사흘, 늦어도 3년 안에 무너질 것'이라는 전문가의 분석이 나올 정도였다. 당시 김영삼 대통령도 "통일은 예기치 않은 순간에 갑자기 닥쳐올 수도 있다"고 말했다. 그러나 북한은 붕괴하지 않았다. 2011년 12월 김정일 국방위원장의 사망, 후계자 김정은의 집권에도 북한은 건재했다.

돌이켜 보면 북한 붕괴론은 한국의 근거 없는 바람일 뿐이었다. 북한은 냉전 종식과 한·중 수교 등 외부 변화를 겪은 탓에 더욱 단단해졌다. 웬만한 외부 충격은 어렵지 않게 버텨낼 수 있도록 노하우가 쌓인 것이다. 3대 세습을 거치면서 핵무장까지 하게 됐다.

박한식 교수는 "지금 우리는 핵 보유 북한을 받아들일 것이냐는 어려운 문제에 직면해 있습니다"라고 말했다. "북은 이미 핵 원료, 제조 기술, 제조 경험, 핵탄두를 가졌습니다. 북 당국이 인민들에게 '우리는 이미 핵 국가이고 세계 열강이 모두 이를 인정하고 있다'고 선언했습니다. 핵은 포기할 수도 없고 포기되지도 않습니다. 북한은 미국이 원하는 식으로 절대 비핵화되지 않습니다. 북 비핵화가 불가능하다는 것이 우리에게 닥친 걱정입니다. 미국이 북한 비핵화에 만족하고 제재를 해제하는 단계도 오지 않습니다." [33]

'핵 보유국'이 짜는 경제 개방 전략

북한 붕괴론보다는 이성적인 '핵 포기→제재 해제→북한 개방→통

----

[33] 조선일보 1월 24일자 "北비핵화' 정체는 韓·北·美 합작 한국민 속이기' 보도 인용

일' 시나리오도 의심스럽기는 마찬가지다.

국내에서는 북한의 개혁·개방을 말할 때 '핵 포기'와 '제재 해제'를 전제 조건으로 언급하곤 한다. 핵 포기 없이는 북한의 경제 개방이 불가능하다고 주장하는 것이다. 이 논리는 아래와 같다.

— 핵을 포기[34]하면 북한은 국제사회로부터 제재 해제 선물을 받는다.
— 제재가 해제된 북한 경제는 해외 국가의 투자 대상이 된다.
— 해외 투자 유치로 북한의 경제가 개방된다.

그러나 현실은 다르다. 북한은 핵을 포기할 생각이 없다. 그렇다고 경제 개방을 포기하지도 않는다. '핵 보유국'으로서 경제 개방의 길을 모색한다. '핵 포기-제재 해제' 단계를 건너 뛰려는 것이다. 실제로 북한이 경제 개방을 추진할 때 가장 중요한 원동력은 북중 무역과 북한 내 시장화로, 국제사회 제재에서 가장 적게 영향을 받는 부분이다. 북한은 마음만 먹으면 제재 속에서도 경제 개방 실험을 할 수 있다고 믿는다.

실제로 북한의 핵 포기 의지는 미약하지만, 경제 개방 의지는 굳건하다. 김정은 위원장은 2013년 3월 조선노동당 중앙위원회 3월 전원

---

34 여기서 말하는 핵 포기는 '단기간 완전한 핵 폐기'를 의미한다.

회의에서 경제개방전략을 공식화했다. 당과 내각은 김정은의 경제개방 의지를 곧바로 관철했다. 조선노동당은 7차 당대회2016년 5월에서 대외경제관계의 확대발전을 '국가경제발전 5개년 전략'2016~2020년의 중요 구성부분으로 규정했고, 내각은 '나선경제무역지대와 신의주국제경제지대, 원산, 금강산 국제관광지대를 비롯한 경제개발구 등에 대한 투자를 실현시키고 하부구조 건설과 중요대상 건설을 선행시켜 나가겠다'고 공약했다.

> 경제개방 관련 김정은의 교시:
> '대외경제관계를 다각적으로 발전시키며 원산, 금강산 국제관광지대를 비롯한 경제개발구 개발사업을 적극 밀고 나가야 합니다.'
> '기업체들은 무역과 합영, 합작권을 가지고 가능한 범위에서 대외경제 활동을 능동적으로 벌려 필요한 원료, 자재 설비들을 자체로 해결하면서 설비와 생산기술공정의 현대화를 적극 실현하여야 합니다.'

북한이 핵보유국으로서 개혁·개방의 길을 본격적으로 걷기 시작하면, 국제사회가 어쩔 수 없이 제재를 완화할 가능성이 높다. 핵보유국의 자폐 경제자급자족 회귀나 중국 경제 귀속은 국제사회가 상상할 수 있는 최악의 결과이기 때문이다.

국내에서도 북한의 제재 완화를 요구하는 목소리가 나온다. 이종석 전 통일부장관은 "그간 국제사회가 북한의 경제 개방을 국제 협력을 통해 생존의 길을 찾는다는 중요한 신호로 보고 이를 적극 권장했지만 북한의 핵무기 개발로 인해 누적된 각종 대북 제재가 개방 정책의 추진을 가로막는 딜레마가 발생하고 있습니다"라며 "일방적인 제재로 북한을 굴복시켜 비핵화를 실현하고자 하는 접근 방식에 대한 서방의 재고가 필요합니다. 북한이 개혁·개방 의지를 실천할 경우 격려할 필요도 있습니다[35]"라고 말했다.

북한은 국제사회가 돌아가는 상황을 파악하고 계산을 끝냈다. 제재의 '전면 해제'보다는 '시의적절한 제재 완화'를 노리고 있다. 적당히 핵 협상 테이블에만 나가 일부 제재 완화 선물을 받고, 그 틈을 타서 경제 개방을 빠르게 추진하겠다는 전략이다.

이제 한국만 보지 못하는 북한의 진실과 마주해야 한다.

— 북한은 사실상 핵 보유국이다.
— 북한은 제재 해제보다 제재 완화를 노린다.
— 제재 해제 없이 북한의 개혁·개방 실험은 시작됐다.

35 2019년 11월 28일 서울 광화문 세종문화회관 기자간담회 발언 중 발췌.

카지노로 바뀐 군사 훈련장

2017년만 해도 북한의 원산 갈마반도는 군사훈련장이었다. 그 해 4월 김정은 위원장이 직접 방문해 자주포 발포 훈련을 참관했다. 그러나 1년 뒤인 2018년 5월 김정은이 다시 찾았을 때 이곳은 해변 휴양관광지인 '갈마해안관광지구'로 조성되고 있었다. 리조트와 워터파크를 비롯해 총 150동의 건물 공사가 한창이었다. 해운대 백사장의 5배 길이인 명사십리 해수욕장은 새 모래를 깔았다. 모두 김정은의 지시에 따른 것이다. 북한의 최대 명절인 태양절에 맞춰 2020년 4월 15일에 정식 개장하게 된다.

북한은 갈마해안관광지구를 '미니 마카오'로 만들겠다는 원대한 계획을 갖고 있다. 갈마반도와 면적이 비슷한 마카오는 매년 3500만 명의 관광객을 받아 300억 달러 수입을 올린다. 갈마해안관광지구도 만약 성공적으로 외국인 카지노 이용객들을 유치한다면 북한 외화벌이에서 가장 중요한 수단으로 떠오르게 된다. 북한 당국은 갈마해안관광지구가 개장 초기에는 연간 100만 명, 장기적으로는 연간 1,000만 명의 관광객을 유치할 것이라고 예상하고 있다.

북한의 선군시대가 저물고, 경제건설시대가 열리고 있다. 가장 상징적인 변화는 군사시설들이 경제시설로 바뀌는 것이다. 공군 비행장이 철거되고 온실농장으로 변한 사례도 있다. 김정은은 2018년 7월 함경북도 경성군 중평리 일대 군용비행장을 방문해 "비행장 자리에 대규모 채소 온실농장을 건설하라"고 지시했다.

경제 건설 시대는 김정은 위원장이 열어젖혔다. 2018년 4월 20일 당 중앙위원회 제7기 제3차 전원회의에서 북한의 국가발전전략노선을 기존의 '경제 핵무력 건설 병진 노선'에서 '사회주의경제건설 총력 집중 노선'으로 바꿨다. 오랫동안 고수해온 선군 사상을 버리고 경제 우선 정책으로 돌아선 것이다. 북한에서 최근 일어난 변화 중에 가장 근본적인 변화다. 북한이 채택한 경제 건설 총력 집중 노선은 두 가지 의미를 담고 있다.

첫째, 선군시대의 '국방 공업 우선 발전' 원칙을 폐기하고, 경제 사업을 최우선으로 삼는다.

둘째, 경제 발전에 모든 인적, 물적, 기술적 역량을 총동원한다.

2019년 신년사에서도 김정은은 북한의 국가 전략이 '군사 우선'에서 '경제 우선'으로 바뀌었다고 강조했다. "군수공업 부문에서는 경제 건설에 모든 힘을 집중할 데 대한 우리 당의 전투적 호소를 심장으로 받아 안고 여러 농기계와 건설기계, 협동품과 인민소비품들을 생산하여 경제발전과 인민생활 향상을 추동하였습니다"라고 말한 것이다. 2019년 4월 11일에는 기존 헌법 3조의 선군사상, 59조의 선군혁명노선을 삭제했다.

경제 건설시대로 접어들면서 '돈 먹는 하마'였던 군부가 경제 건설에 투입되는 사례가 늘고 있다. 북한 군수공장에서 민간에서 판매하는 상품을 판매하기도 한다. 2019년 8월 김정은은 양덕군 온천관광지구 건설장에서 "스키장에 설치할 수평 승강기와 끌림식 삭도케이블카를 비롯한 설비제작을 모든 주요 군수공장에 맡겨보았는데 나무랄 데 없이 잘 만들었다"며 공개적으로 군수공장의 민수용품 생산을 독려했다.

북한 군인들도 경제 건설 현장에 적극 투입되고 있다. 2019년 8월 9일 노동신문에는 북한 공군기가 평안북도 신도군 갈밭에 비료를 산포하는 사진이 실렸다. 단천5호발전소, 삼지연군, 양덕군 온천관광지구 등 대규모 건설현장에는 사단급 병력들이 투입된 것으로 추정된다. 과거에도 북한 군대가 경제건설 현장에 투입된 적이 있지만, 요즘처럼 투입되는 병력의 수가 많고 참여하는 사업 범위가 다양했던 적은 없었다.

북한이 경제 건설 시대로 접어든 표면상의 이유는 핵무기 개발에 성공했다는 자체 평가 때문이다. 북한은 2017년 11월 29일 대륙간탄도미사일ICBM '화성-15형' 시험 발사를 성공했고, 2018년 김정은 신년사를 통해 '핵 무력 완성'을 선언했다. 핵무기를 확보한 상황에서 더 이상의 군비경쟁은 의미가 없으니 국방비를 줄이고 경제 발전에 집중하기로 결심했다는 것이다.

그러나 좀 더 깊이 들여다 보면 북한 지도부의 경제 개방 의지가 확고한 것을 알 수 있다. 김정은이 집권하면서 북한은 강성국가 건설과 인민 생활 향상을 국가의 총체적 목표로 제시해 왔다. 2012년 4월 김일성 주석 100회 생일 경축 열병식에서 김정은은 "우리 인민이 다시는 허리띠를 조이지 않게 하며 사회주의 부귀영화를 마음껏 누리게 하자는 것이 우리 당의 확고한 결심"이라고 연설했다.

이러한 결심은 초강도 제재 속에서도 흔들리지 않는다. 2019년 2월 북한 노동당 내 이론지 '근로자'에 실린 리성철 흑령탄광 당위원장 기고문에는 이런 글귀가 나온다.

> "심중한 것은 일부 일꾼들이 '앞으로 제재가 해제되면 잘 살 수 있지 않겠는가'고 속구구^{현실성 없는 공상}를 하며 그에 미련을 가지고 있는 것이다."

> "지금 일부 일꾼들은 적대세력들의 제재 때문에 경제 건설이 지장을 받고 있는 것처럼 여기며 맡은 일을 소극적으로 하거나 앉아 뭉개고 있다."

기고문 게재 시점은 2019년 2월로, 김정은 국무위원장이 도널드 트럼프 미 대통령과 '하노이 제2차 미·북 정상회담'을 갖기 직전이다. '하노이 노딜'로 대북 제재 해제가 물 건너 가기 전에 쓴 글이란 것이다. 제재 속에서도 차질 없이 경제를 개발하겠다는 결심이 보인다.

김정은표 '안심투자지역'

"국가는 대외무역에서 신용을 지키고 무역구조를 개선한다."

2019년 4월 북한이 개정한 헌법 36조에 추가된 내용이다. 외국인 투자자들을 안심시키기 위해서 삽입한 문구다. 북한 정부를 믿고 투자하라는 신호를 준 것이다. 이전 헌법의 "대외무역을 발전시킨다"는 문구는 "대외경제 관계를 확대 발전시킨다"로 바뀌었다. 대외 무역뿐만 아니라 북한 내 외국기업 유치도 중요하게 본다는 의미로 풀이된다.

북한 경제 개방을 위해 김정은 위원장이 가장 적극적으로 추진한 정책은 외국 투자를 유치할 수 있는 '특수경제지대'를 대폭 늘린 것이다. 2013년 3월부터 접경지역과 해안선을 중심으로 특수경제지대를 설치했다. 중소 규모, 지역 밀착형 특수경제지대 조성에 특히 주력했다.

북한의 특수경제지대는 쉽게 말하면 외국 자본을 끌어오기 위해 외국 회사에게 혜택을 주는 '안심투자지역'이다. 이곳에 들어온 외국투자기업은 세금을 적게 낸다. 기업소득세 세율은 결산이윤의 10~14% 정도로 북한 내 다른 지역결산이윤의 25%보다 훨씬 낮다. 이자나 임대 소득 등 기타 소득에 대해서도 절반 가까이 할인된 소득세 세율을 적용 받는다. 건설이나 경영에 필요한 물자 등에서 대해선 무관세 혜택을 받는다.

북한의 특수경제지대는 두 종류로 나뉘는데 김정일, 김정은 시대로 나눠서 보면 쉽게 구분된다. 김정일 시대의 특수경제지대는 1991년부터 지정된 '경제특구'고, 김정은 시대의 특수경제지대는 2013년 경제개발구법에 의거해 만들어진 '경제개발구'다. 2019년 말 기준, 경제특구는 나선 경제특구, 원산-금강산 국제관광 지대, 황금평·위화도 경제지대, 금강산 국제관광특구, 신의주 국제경제지대, 개성공업지구^{현재 중단} 등 6곳이다. 경제개발구는 청진경제개발구 등 22곳에 달한다.

김정일의 '경제특구'는 체계적이지 못했다. 쫓기듯 급하게 조성한 것이기 때문이다. 북한은 1990년대 초 동구권 사회주의가 붕괴되자 새로운 경제발전 전략을 모색해야 했다. 이때 일본의 조총련이 북한에 '나선지역을 경제특구로 개발하면 적은 투자로 외화난을 해결하고, 재정 수입을 올릴 수 있다'고 건의했다. 조총련의 건의안은 당시 북한의 대외경제위원회 심의를 거쳐 빠르게 통과됐다. 1991년 나선지역이 경제특구로 선포됐다. 갑자기 만든 경제특구는 예상만큼 원활하게 굴러가지 못했다. 재정 투입 부족과 제도 미비로 외국 자본과 기술을 제대로 흡수하지 못한 탓이 컸다.

그러나 김정은의 '경제개발구'는 시행착오를 거친 덕분에 전략적이고 치밀하다. 김정은은 2013년 3월 노동당 중앙위원회 전원회의에서 "각 도들에 자체의 실정에 맞는 경제개발구들을 내오고 특색 있게 발전시켜야 한다"면서 경제개발구 조성에 뛰어들었다.

경제개발구의 가장 두드러진 특징은 지방도시에 집중적으로 만들었다는 것이다. 기존의 경제특구가 북한 주요 도시에 대규모 투자 유

표10. 북한의 특수경제지대 현황

관리소속	명칭	소재지	면적	비고
중앙급	원산-금강산 국제관광지대	강원도 일부지역	440km^2	
	나선경제무역지대	나선특별시	470km^2	
	신의주국제경제지대	평북 신의주시	40km^2	
	금강산국제관광특구	강원도 고성군/금강군	225km^2	2008.7 남북관광 중단
	황금평, 위화도경제지대	평북 신도군/신의주시	52.49km^2	
	은정첨단기술개발구	평양시 은정구역	2km^2	
	진도수출가공구	남포시	1.37km^2	
	강령국제녹색시범구	황남 강령군	3.5km^2	
	개성공업지구	황북 개성시	66km^2	2016.2 전면중단
지방급	강남경제개발구	평양시 강남군	3km^2	
	와우도수출가공구	남포시	1.5km^2	
	청남공업개발구	평남 문덕군	2km^2	
	숙천농업개발구	평남 숙천군	3km^2	
	송림수출가공구	황북 송림시	2km^2	
	신평관광개발구	황북 신평군	8.1km^2	
	압록강경제개발구	평북 신의주시	6.3km^2	
	청수관광개발구	평북 삭주군	20km^2	
	청진경제개발구	함북 청진시	5.4km^2	
	어랑농업개발구	함북 어랑군	5.1km^2	
	온성섬관광개발구	함북 온성군	1.69km^2	
	경원경제개발구	함북 경원군	1.91km^2	
	흥남공업개발구	함남 함흥시	2.2km^2	
	북청농업개발구	함남 북청군	3.5km^2	
	현동공업개발구	강원도 원산시	2km^2	
	만포경제개발구	자강도 만포시	3.9km^2	
	위원공업개발구	자강도 위원군	2.3km^2	
	무봉국제관광특구	양강도 삼지연군	20km^2	
	혜산경제개발구	양강도 혜산시	1km^2	
계	중앙급 9, 지방급 19			

이종석·최은주 외, 『제재속의 북한경제, 밀어서 잠금 해제』(세종연구소, 2019. 11)

3부 한국에게 기회는 있는가

그림3. 북한문헌이 밝힌 특수경제지대와 위치

치만을 목표로 했다면, 경제개발구는 지방 중소도시에 조성하고 소규모 투자를 적극 유치한다. 대규모 투자를 유치하는 경제특구를 그대로 유지하면서 소규모 투자 유치에 적극 뛰어들어 외국 자본을 최대한으로 끌어오려는 전략이다.

경제개발구의 또 다른 특징은 관광 사업에 주력한다는 것이다. 경제개발구가 제대로 굴러가려면 제조업이 들어와야겠지만, 우선은 적은 투자로 큰 수익을 내는 관광 사업으로 외국투자기업을 유인하겠다는 구상이다. 북한의 산업구조가 경쟁력을 갖추지 못했고, 각종 제재로 해외 투자를 크게 기대할 수 없는 상황에서 관광 사업만이 외국 회사를 끌어올 수 있는 미끼라고 생각한 것이다. 북한은 2000년대 중후반부터 외국의 관광업 발전을 분석하며 노하우를 축적했고 관광 자원도 많은 편이다. 김정은 시대에서는 특히 원산—금강산 국제관광지대에 심혈을 기울이는데 이 지역은 지리적 조건이 특히 훌륭하다. 북한에서 가장 좋은 해안을 끼고 있고, 금강산지구와 마식령스키장을 연결하면 관광 자원 간에 시너지 효과도 큰 것으로 평가 받는다.

북한은 외국회사가 안심하고 투자할 수 있는 법제도 확립에도 신경 쓰고 있다. 외국회사의 재산권이 북한에서 부당하게 침해되지 않도록 법률로 제한하는 것이 경제성장의 마중물인 외국인 투자유치에 필수적이기 때문이다. 북한은 토지임대법1993년과 경제개발구법2013년 등을 제정해 외국 기업이 북한 내 경제개발구에 공장 등을 짓기 위한 요건을 규정하고 있다. 경제개발구에 공장을 지으려는 외국 기업은 북한 정부로부터 부지를 임차해야 하는데, 최장 50년 동안 유효한 토지이용권은 매매·재임대·증여·상속·저당이 모두 가능하다.

북한은 2019년 10월에는 해외 대북 투자 기업을 대상으로 하는 '경제개발구 개발규정'의 개발계획 승인 및 토지 임대 관련 내용을 또 한 번 개정했다. 제7조 1항, 제8조 1항, 제23조 1항, 제25조 1항, 제36조

등 5개 조항이 바뀌었는데, 주로 토지임대차계약의 체결, 토지이용 증의 발급과 등록 등을 개정했다. 구체적 내용은 공개되지 않았지만, 기업이 철수하는 상황에서 시설물 철거나 소유권은 어떻게 처리하는지, 토지이용권이 지하 자원에도 적용되는지 등 투자자들이 예민하게 여기는 부분들을 다뤘을 것으로 추측한다.

외국 회사의 안전한 투자 자금 회수를 위해서 인프라 투자에 'BOT 방식'도 도입했다. 2013년 나선경제무역지대개발규정에 보면 '특별허가경영'이라는 용어가 나오는데 이것이 바로 'BOT 방식'이다. 사업주가 자금을 조달해 공공시설을 건설하고 일정기간 운영을 하면, 운영기간 종류 시 정부가 그 소유권을 사업주에게 양도해야 한다. 북한은 2016년 원산 개발 추진 과정에서도 투자 제안서에 이 같은 투자 방식을 명시했다.

김정은은 2018년 3월 제1차 방중 이후 '중국인 투자자 우대 지침'도 내렸다. "중국인이 싫어할 언행을 하지 말며 중국 사업 대방^{상대 회사}에 협잡질을 하지 말 것"을 지시한 것이다.

노동당보다 힘센 장마당

경제 개방을 준비하는 북한에서는 경제 개혁이 진행되고 있다. 가장 주목할 만한 것은 북한의 소비자 거래시장인 장마당의 약진이다. '북한에는 노동당과 장마당 두 개의 당이 있다'는 우스갯소리가 있을 정도로 북한 경제의 한 축으로 자리 잡았다.

북한은 원래 시장경제를 인정하지 않고 국가가 주민에게 물자를 배급하는 사회주의 시스템을 갖고 있었다. 그렇기에 시장경제 원리로 돌아가는 장마당은 북한 사회 속성을 거스르는 단속의 대상이었다. 그러나 김정은 정권은 시장경제를 무조건 가로막았던 선대와 달리 장마당을 사실상 수용하면서 장마당 활성화를 지원하고 있다. 현재 북한에서는 최소 700만 명이 500여 개의 장마당에서 벌어먹고 산다. "시장 경제가 북한의 내수시장을 견인하는 수준까지 왔다"는 말이 나올 정도다.

장마당은 '고난의 행군' 시절에 북한의 중앙배급체계가 무너지면서 처음 생겨났다. 1994년 김일성이 사망하고 자연재해로 북한 전역이 기근에 시달리자 북한 주민들은 본능적으로 좌판을 깔고 식료품을 팔며 돈을 벌었다. 2000년대 들어서 김정일이 장마당을 두고 '자본주의 서식처'라며 강하게 단속했지만 결국 실패했고, 2003년에서야 공식 허용하게 됐다.

2012년 김정은 집권 이후 북한 내 장마당의 위상은 달라졌다. 정부가 장마당을 국가 재정 확보 수단으로 바라본 덕분에 장려의 대상으로 바뀌었기 때문이다. 김정은 집권 초기 몇 년간 증축, 개축으로 규모가 커지거나 현대화된 장마당이 많다. 현재 북한의 모든 장마당 면적을 합치면 일산 신도시 면적 정도가 나온다. 장마당의 경제 규모가 북한 GDP의 최소 30%를 차지하고 있다는 분석도 있다.

오늘날 북한 장마당에서는 없는 품목이 없을 정도로 다양한 물건이 거래된다. 중국산 휴대폰이나 기계부품은 물론이고 한국의 쿠쿠 전기밥솥이나 유명 화장품들도 쉽게 구할 수 있다. 북한에 580만 대의 휴대폰이 보급된 것도 장마당의 활성화와 무관치 않다. 국가안보 전략연구원에 따르면 북한 인구의 25%가 휴대폰을 사용하고 있다.

장마당 형성 초창기에는 80~90%가 중국산 제품이었으나 현재는 북한 국내산 제품이 상당수 팔리고 있다. 북한의 경공업 제품도 품질이 향상돼 인기가 높다. 식품, 신발과 옷, 가방, 장난감, 화장품 등은 북한 제품이 중국 제품 판매량을 앞서기도 한다. 서비스와 노동도 거래된다. 가정부나 과외선생까지도 장마당에서 구할 수 있다. 장마당에 돈이 몰리자 당 간부들도 장마당 판매대 차지에 나섰다. 남편이 중

그래프6. 휴대전화 가입자 수의 증가 추이

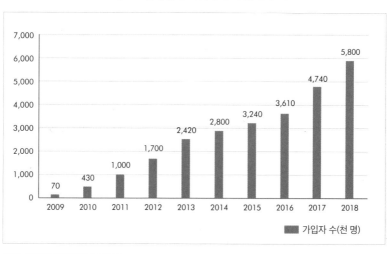

자료: 통계청·중앙일보, 2018.9.17

국에서 생필품을 밀수하고, 아내가 장마당에서 매대를 차리는 '부부 상인'도 늘었다.

　장마당에서 돈맛을 본 상인들은 '돈주'로 불린다. 자본을 손에 쥔 이들은 본격적으로 사업가로서의 행보를 이어간다. 가동을 멈춘 공장을 빌려서 제조업에 뛰어들거나, 무역사업으로 외화를 벌기도 한다. 소기업에 자금을 대출해주는 금융기관을 운영하거나, 아파트 건설 같은 대규모 사업에 투자하고 투자 비율에 따라 수익을 할당 받기도 한다. 아직 북한에서 개인 사업은 도소매업, 서비스업에 주를 국한돼 있지만, 돈주가 지휘하면 넉넉한 자본과 인력이 확보돼 인트라넷을 활용한 기술 분야 창업도 가능하다.

　국영 기업을 사들이는 돈주들도 많다. 북한의 모든 지역과 군부대에는 공업품 상점, 식료품 상점, 특산품 전문점 등 국영 상점이 한두 개씩 존재한다. 모두 국영 기업이지만 워낙 많다 보니 제대로 관리되지 않는 곳들이 많다. 돈주들은 바로 이런 방치된 국영기업들을 골라 '인수'한다. 다만 엄연히 국영기업이라 개인 명의로 운영할 수는 없고, 돈을 지불하고 책임자 직책을 얻거나 '협동기관' 등의 지위를 갖는다. 대신 상품의 생산과 판매, 직원의 고용과 해고 등 모든 책임은 돈주가 지고, 수익도 돈주가 가져간다. 이런 식으로 운영하는 돈주들의 국영기업을 북한에서 '민수 기업'이라 부른다.

　장마당이 북한 주민들 사이에 뿌리 내리면서 새로운 유형의 시장도 생겨났다. 바로 온라인 쇼핑몰이다. 옥류2015년를 필두로 만물상

2016년, 은파산2017년이 차례로 오픈됐다. 최초의 북한 온라인쇼핑몰인 옥류는 북한 인민봉사총국이 직접 운영하는 곳으로 3만여 개의 상품을 판매하고 있다. 만물상은 북한의 '쿠팡'이다. 400여 곳의 기업이 만물상에 터를 잡고 6만여 개의 상품을 판매하고 있다. 가입자 수가 4만 명이 넘고, 일일 사이트 방문 수는 5만 명을 넘길 정도로 인기다. 비교적 최근에 개설된 은파산은 온라인쇼핑몰 기능에 충실한 것이 특징이다. '바구니에 상품 담기' 기능이 있고, 전자결제도 가능하다.

김정은의 경제 개혁

김정은의 경제 개혁 브랜드인 '사회주의기업책임관리제'는 2019년 4월 개정된 헌법 33조에 삽입됐다. 32조에는 '실리를 보장하는 원칙을 확고히 견지한다'는 내용이 담겼다. 북한에서 시장경제 활동을 보장한다는 의미다. 김정일 정권이 시장경제와 사회주의 계획경제 사이에서 갈팡질팡한 것과 달리 김정은은 일관되게 시장경제를 제도화하고 있다.

북한은 2014년부터 '사회주의기업책임관리제'와 '포전圃田, 밭담당책임제'라는 이름의 경제개혁 정책을 추진했다. 두 정책의 핵심은 기업과 농장의 권한 확대다. 사회주의기업책임관리제는 각 기업이 '기업소지표', '농장지표' 등의 이름으로 스스로 생산 계획을 세울 수 있게 했고 경영권 또한 부여했다. 경영권에는 재정 관리부터 무역, 합작의 권한까지 포함된다. 자본주의 국가의 민간기업과 거의 같은 수준의 경영자율권을 보장했다.

포전담당책임제는 농민 개개인에게 밭을 맡겼다. 이전까지 북한의 농장은 10~15명으로 구성된 분조를 단위로 생산 활동을 했고, 생산물에 대해서도 분조 단위로 평가하고 분배해 왔다. 그러나 2012년 김정은은 4개의 협동농장을 대상으로 4~5명으로 조원을 줄인 포전담당책임제를 도입했다. 2014년부터는 개인이 생산과 분배의 단위가 되는 강화된 포전담당책임제가 본격 실시됐다. 농민 개인이 자신이 맡은 밭에서 계획목표 이상 생산한 부분은 소득으로 가져갈 수 있게 했다. 그 동안 생산에서 분배에 이르기까지 국가가 장악했던 권한이 이렇게 민간에 대폭 이양됐다.

기업소법[2014년]: 기업에 생산조직, 제품개발, 인력개발, 재정관리, 가격 책정, 품질관리, 노동력 조절, 무역 등 권한 부여.

농장법[2015년]: 10~15명의 분조가 생산과 분배의 최소 단위였던 기존 제도 폐기. 개별 농민을 생산과 분배의 주체로 인정. 농민들은 각자의 지표를 가지고 수익성 높은 작물 생산.

김정은 시대의 제도 변화로 시장 경쟁은 치열해졌다. 화장품 업계의 경우, 평양의 '은하수' 화장품 회사는 공장에 현대적인 시설을 들이며 1위 업체 '봄향기'와의 경쟁에 불을 지폈다. 전자제품 회사들 간에는 고품질 TV 생산 경쟁이 시작됐다. 과거에는 찾아보기 어려운 일이었다. 북한의 계획경제에서는 기업 간 경쟁이라고 할 만한 것이 없었기 때문이다. 기업들은 국가가 할당한 수량만큼 생산해 납품하면 됐다. 생산 물량은 지정 기관에 오차 없이 납품돼 시중에 유통됐다. 그

표11. '전국 8월 3일 인민소비품전시회' 출시제품 증가 추세

년도	2014년	2016년	2017년	2018년	2019년
제품 종류	1,500종	1,200종	7,700종	-	2만 5,000종
제품 가짓수	12만 4,000점	13만 점	8만 5,000점	28만 7,300점	38만 5,700점

* 연도별 수치는 <로동신문> 해당 년도 관련 보도에서 인용

표12. '전국인민소비품전시회' 출시제품 증가 추세

년도	2014년	2016년	2017년	2018년	2019년
종류	-	-	2,000여 종	4,500여 종	**
가짓수	3만 3,000여 점	10만여 점	8만여 점	15만여 점	41만여 점

* 연도별 수치는 <로동신문> 혹은 조선중앙TV 해당 년도 관련 보도에서 인용
** 600여 개 기업 참가
*** '전국인민소비품전시회'는 전국의 주요 경공업생산 기업들이 참가하는 행사

표13. '전국 206가지 일용잡화전시회' 출시제품 증가 추세

년도	2014년	2017년	2018년	2019년
종류	350여 종	350여 종	300여 종	400여 종
가짓수	-	3,000여 점	8,000여 점	4만 2,000여 점

* 연도별 수치는 <로동신문> 해당 년도 관련 보도에서 인용

표 11~13은 이종석·최은주 외, 『제재속의 북한경제, 밀어서 잠금 해제』(2019)에서 인용

러나 김정은 시대에서는 기업들이 알아서 생산 계획을 세우고, 유통
망과 판매처도 뚫어야 한다. 동종 업계 기업 간에 치열한 생존 경쟁이
벌어질 수밖에 없다.

　기업 간 경쟁으로 북한 제품의 품질은 개선됐고, 종류는 다양해졌
다. 북한의 대표적인 경공업 제품 전시회들에 출품되는 제품의 종류
와 숫자는 2017년 이후 급격하게 증가했다. '전국 8월 3일 인민소비
품전시회'의 출시 제품은 2016년만 해도 1,200종 13만 개에 불과했지
만 2017년 7,700종 8만 5,000개로 늘어났고, 2019년에는 2만 5,000종,
38만 5,700개가 됐다. 북한 주민 생활 필수품을 전시하는 '전국 206가

표 14. 개혁 이전과 이후의 달라진 상품 판매 과정

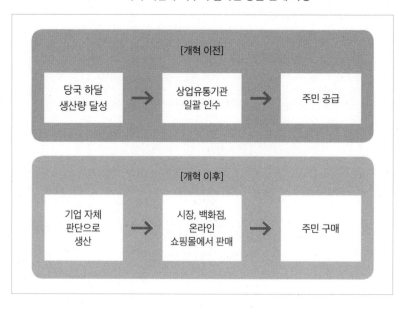

지 일용잡화전시회'의 출품 수도 2017년 3,000여 개에서 2019년 4만 2000여 개로 폭증했다. 〈로동신문〉은 2018년 10월 '인민들이 쓰려고 하지 않는 질이 낮은 제품은 아무리 많이 생산하여도 소용이 없다'고 지적하고, '다종화, 다량화, 다색화, 경량화를 실현해야 한다'고 보도 했다.

북한 당국은 사회주의기업책임관리제를 실시하면서 처음으로 상업은행을 도입했다. 2015년 김정은이 제3차 전국 재정은행일군대회 에 서한을 보내며 상업은행 설립을 공식화했다. 개혁 정책 추진 이후 정부가 더 이상 기업에 자금을 지원하지 않자 기업들의 은행 대출 수 요가 폭증했기 때문이다. 믿을 수 있는 상업은행을 만들면 북한 주민 들의 장롱 속 돈뭉치도 은행으로 넘어올 것이란 계산도 작용했다. 그 전까지 북한 경제는 중앙은행 유일의 단일은행제도를 유지하고 있었 다. 북한의 기업 경영관리 개혁이 금융 개혁으로 번진 것이다.

통일은 멀고 개방은 가깝다

보수 정권 집권이 끝나고 문재인 정부가 들어서면서 한국에서는 통일에 대한 기대감이 급격히 커졌다. 2018년 4월 27일 남북 정상이 만나 판문점 선언을 도출하고, 같은 해 6월 싱가포르에서 북미 정상 회담이 열리자 남북관계, 북미관계는 급진전된 것처럼 보였다. 트럼 프 미국 대통령의 임기 내에 북한의 비핵화가 이뤄질 것이라 보는 시 각마저 나왔다. 통일이 목전인 듯한 분위기가 연출된 것이다. 그러나 현실은 북한은 핵무기를 포기하지 못했고 대북 제재는 강도를 높여만 갔다. 1988년 7·7 선언부터 기다려온 '멀지 않은 하나의 나라로 통일하는 위업'이 사실은 얼마나 요원한 일인지를 전국민이 체감하게 됐다.

한국에 충격을 안긴 또 하나의 사실은 북한이 예상 외로 대북 제재를 잘 버틴다는 것이었다. 2016년부터 시작된 대북 제재는 북한의 모든 돈줄을 끊어놓겠다는 국제사회의 초강수였지만, 북한 경제는 큰 흔들림 없이 안정세를 유지했다. 만성질환 환자처럼 매뉴얼에 따라 덤덤하게 자가 치료에 나섰다. 중국을 이용해 외화를 수혈 받았고, 자국에 필요한 물자들을 공수했다. 극심한 경제 타격을 받은 것은 사실이지만, 제재 기간에도 경제 개혁을 추진했고 특수경제지대 개발 등 경제 개방 준비에 나섰다. '핵 포기 없는 경제 개방'의 미래를 국제사회에 그려 보인 것이다. 어쩌면 북한은 '핵 보유국'으로서 경제 개방에 성공해 국제사회의 인정을 받는 정상국가가 될지도 모른다.

그러니 한국으로서는 통일보다 북한의 경제 개방을 바라보고 준비하는 것이 합리적이다. 북한에 대해 색안경을 쓰지 않고 본다면, 현재 경제 발전 단계에서 경제 개방은 자연스러운 흐름이기 때문이다. 북한은 이미 1980년대 중국의 '시장사회주의 단계'에 진입한 상태고, 급진전된 시장화, 늘어난 외자 유치 지역, 김정은의 경제우선 정책 등을 고려할 때 향후 경제 개방을 위한 추가 정책을 내놓을 가능성이 높다.

북한의 개방은 어떤 방식으로 진행될까? 사회주의 국가면서 폐쇄적인 독재 체제이기 때문에 중국식 개방 모델이나 베트남 식 개혁 개방정책^{도이머이}을 따라갈 가능성이 높다. 중국은 1978년 중국 선전 등 해안도시 개방을 시작으로 내륙 지방으로 대외 개방을 확대했다. 베트남은 1986년 국영경제와 민간경제를 구분해 민간경제 부분을 외국 자본에 전면 개방했다. 특이한 점은 두 나라 모두 점진적으로 개혁·개방을 추진했다. 동유럽 국가들의 급진적인 경제 개방과는 전략이 다르다.

북한의 현재 경제 상황:

- 구매력지수^{PPP} 기준 1인당 GDP는 1,700달러[36]

- 북한의 경제개혁 이전 5년간^{2012~2017년} 평균 경제성장률은 0.28%^{1978년 개방 직전의 중국: 9%}

- 경제 왜곡현상을 초래하는 암시장 환율 프리미엄은 3,400%로 추정^{중국: 208%}

  * 북한의 공식 환율은 1달러에 108원이지만 장마당 환율은 8,000원 이상

- 경제 발전 수준을 나타내는 공업 비중은 47.6%[37] ^(중국: 46%)

....

36 CIA가 발표한 북한의 2015년 GDP 기준.

37 CIA가 발표한 2017년 북한의 공업 비중.

— 계획경제 지속 기간은 73년^(중국: 46년)

북한은 도이머이 모델을 참고하겠지만, 전반적으로는 중국의 경제 특구 중심 경제 개방 전략을 선택할 것으로 보인다. 북한은 이미 27개의 특수경제지대를 만들어 중국식 경제 개방의 틀을 갖춘 상태이기 때문이다. 경제특구는 제한적인 자원을 선택과 집중으로 효율적으로 사용할 수 있다는 장점이 있다.

또한 급진적인 시장경제 제도의 테스트베드 역할을 하기 때문에 북한경제 개방의 부작용을 최소화할 수 있다. 중국 선전의 경우 1980년 경제특구로 지정된 이후 20년간 연평균 약 24%의 경제성장률을 달성하며 빠르게 성장했다. 북한도 중국과 같이 과감한 특구 개방으로 북한 내에 선전, 상하이 같은 경제 도시를 만들 수 있다.

북한은 외국 자본을 유치한 다음에는 대규모 국영기업을 키우게 된다. 국가의 지원과 독점으로 빠르게 성장한 기업의 수익은 다시 기업의 혁신과 기술에 투자된다. 이러한 선순환이 이어지면 북한 경제를 뒷받침할 대기업들이 탄생하는 것이다.

북한은 아직 중국·베트남처럼 중앙정부의 강력한 의지에 따라 개혁·개방을 체계적으로 추진하는 단계는 와 있지 않다. 그러나 시장화와 외자 유치 확대 등은 북한의 개혁·개방이 가까워 왔다는 신호다. 개방된 북한을 중국에 뺏기지 않으려면 한국은 전략이 필요하다.

북한과
거래하는 방법

중국은 10여 년을 북한과 '독점 거래'하면서 수많은 대북 투자, 사업 노하우를 축적했다. 그에 비해 한국은 2010년 5·24 조치 이후 북한과의 경제 교류가 대부분 끊겼다. 만약 북한이 개방되고 남북 경제 교류가 재개된다면 우리가 마주할 가장 큰 걸림돌은 북한과 거래하는 방법을 모른다는 것이다.

돈 떼 먹히고도 거래합니다

"'돈 떼이면 떼이는 거지 뭐.' 중국 회사가 북한에서 사업할 때는 이 한마디를 마음에 품고 합니다."

옌볜 텐츠공사의 장 경리는 대북 사업에서 손해를 감수해야 할 때가 많다면서 이렇게 말했다. 그가 말하는 대북 사업의 어려움은 크게

4가지다.

첫째, 대대적인 투자가 필요하다. 채굴권 등 이권을 얻으려면 초기에 거액을 인프라 등에 투자해야 하고, 원하는 수준의 상품을 생산하려면 또 다시 추가적인 설비 투자와 기술자 투입이 필요하다.

둘째, 교통과 물류 인프라가 취약하다. 생산 과정에서 자재와 설비 수요가 수시로 발생하는데 북한 내외에서 물자 조달이 불가능하거나 매우 느리다.

셋째, 북한 회사 측의 잘못으로 중국 회사가 손해를 입어도 배상받기 어렵다. 북한 회사가 납기일이나 대금 지불 시한을 어겨도 법적으로 배상을 받을 방법이나 중재자가 없어 중국 측이 손해를 감내할 수밖에 없다.

넷째, 국제사회의 대북제재는 언제든 진행 중인 사업에 제동을 걸 수 있어 이를 피해갈 방법을 찾아야 한다.

이러한 어려움들 때문에 대북 사업을 하는 회사들은 하나같이 돈 떼 먹힌 경험들이 있다. 장 경리는 "톈츠공사는 북한과 거래하는 중국 회사 중에서도 거물급인데, 그런데도 대북 사업에서 금전적인 손해를 입은 적이 많습니다"라고 말했다. "상대 회사가 톈츠공사에 갚아야 할 돈이 있는데도 수출하는 물품에 대해 전액 선불 결제를 요구하는 경우가 많았습니다. 뻔뻔한 일입니다."

중국 회사들이 북한의 횡포를 참아주며 거래를 이어가는 이유에 대해 묻자 장 경리는 잠시 고민하더니 이렇게 답했다.

"당장의 이익도 중요하지만 먼 미래에 북한을 통해 얻게 될 막대한 이득을 바라보기 때문입니다. 북한이 전면 개방되면 기존에 거래해오던 중국 회사들이 가장 먼저 각종 사업 이권을 얻어가지 않겠습니까? 서로 안면이 있으니 중국 회사에 대한 특혜도 많을 것입니다. 그러니 우공이산愚公移山, 우직한 사람이 결국에는 큰 성과를 거둔다의 마음으로 손해에도 의연하게 대처하는 겁니다."

쌓이는 대북 사업 노하우

돈 떼 먹힌 경험도 노하우로 쌓여선지 대북사업을 하는 중국 회사들이 노련해지고 있다. 장 경리가 속한 톈츠공사는 북한 광산에 투자할 때 '최소화' 전략을 쓴다. 직접적인 설비 투자는 최소로 줄이고, 거의 가공을 거치지 않은 광석 위주로 수입해 온다.

2000년대 초까지만 해도 중국 기업들은 북한 지하자원을 개발하기 위해 시설 장비를 대거 투입하고 제련 공장을 지었다. 그러나 북한 측에서 투자 회수 조건을 갑자기 바꾸거나 도로 등 인프라 구축을 추가 요구해 사업에 난항을 겪는 경우가 많았다. 거액을 투자한 중국인 사업가가 투자 지분을 헐값에 다른 투자자에 매각하고 빠져 나오기도 했다. 이런 일들이 반복되자 톈츠공사는 설비 투자 규모를 줄였다.

대북제재 등 국제 정세를 적극 이용하는 모습도 보인다. 대북사업에서 중국 회사의 입김은 제재가 강화될수록 더 세졌다. 북한이 추진하고 있는 삼지연 건설과 갈마해안관광지구 조성 사업에서 중국인 투자자들이 독자 경영을 요구한 일이 대표적이다.

원래 북한 측은 관광지구 조성사업 투자를 위해 북중 합작·합영회사를 만들자고 요구했다. 돈은 중국이 대고, 경영은 북한이 하겠다는 뜻이다. 그러나 중국 투자자들은 북한 관광지의 토지를 빌려 독자적으로 호텔과 오락시설을 짓겠다고 나섰다. 임대료와 로열티만 지급하겠다고 입장을 밝힌 것이다.

과거의 북한이었다면 중국 측의 이러한 요구를 단호하게 거부했겠지만 대북 제재 국면에서는 협상에 임할 수밖에 없었다. 다른 나라의 투자를 기대할 수 없고, 삼지연과 원산의 개발사업은 북한 자원을 총동원해 겨우 건물 골조만 완성해 놓은 상태였기 때문이다. 협상 과정에서 외국 회사의 안전한 투자 자금 회수를 위한 'BOT 방식' 등이 구체적으로 논의됐다.

중국 기업인들이 실제로 북한에서 위상이 높아졌다는 증언도 있다. 2019년 9월 북한에 투자 목적 출장을 다녀왔다는 지린성 옌지의 무역회사 중역 최씨는 "북한이 중국인 투자자를 대하는 태도가 180도 달라졌습니다"라고 말했다.

"여러 번 북한을 다녀왔지만, 극진한 대접을 받은 건 이번이 처음입니다. 평양에 머무는 일주일 동안 호텔 투숙 비용은 물론 식사 비용까지 북한 회사가 부담했습니다. 북한이 중국의 돈맛을 보더니 이제야 제대로 대우를 하는 것 같습니다."

세 번 만난 뒤 가격을 제시하라

"북한의 무역상들과 사업 얘기를 할 때 두 가지 룰을 지켜야 해요. 첫째는 '두루뭉술하게 말하기', 둘째는 '세 번 만난 다음에 가격 제시하기'."

한인 대북 사업가 A사장은 자신의 대북 사업 노하우를 알려주겠다면서 나를 자신의 사무실로 불렀다. 그는 1990년대 중반부터 20여년째 단둥에서 북한과 거래하는 무역회사를 운영하고 있다. 북한 무역회사들이 가장 신뢰하는 한인 사업가로 꼽힌다. 한 달에도 몇 번씩 북한 무역상들이 A사장의 사무실로 찾아와 사고 팔 물건에 대해 의논한다. "조선^{북한}에서 내 소문을 듣고 전화번호를 알아내 연락 오는 경우가 많은데 그때마다 내 사무실에 와서 얼굴 보고 얘기하자고 하죠. 그러면 알아서 찾아옵니다."

A사장은 "북한 무역상들을 상대할 때 가장 중요한 것은 이들의 소통 방식을 이해하는 것"이라고 했다.

"이해하기 어렵겠지만 조선 무역상들과 사업 얘기를 할 때에는 포괄적으로 얘기해야 돼요. 구체적으로 어떤 품목을 사고 팔지, 가격은 얼마인지 콕 집어서 얘기하면 안 돼요. 만약 한국인 사업가 상대하듯이 '순도 50%인 몰리브덴을 1kg에 2,000달러 가격으로 100kg 수출할 수 있느냐'고 집요하게 물어본다면 조선 무역상들은 대꾸도 없이 일어 서서 나가버릴 거예요. 자신이 상대할 사람이 아니라고 보기 때문이지요"

왜 그런지 이유를 물어보자 A사장은 "전문가가 아닌 심부름꾼들이기 때문"이라고 말했다. 북한에서 무역상들은 정부가 하달한 임무를 수행하는 사람들이 대부분이라 자신이 맡은 사업 분야에 대해서 잘 모르는 상태로 투입되는 경우가 많다. 또한 북한에서는 무역상들이 매번 새로운 임무에 투입되기 때문에 사전 조사가 부족한 상태에서 상대와 협상을 해야 한다. 그러니 사업 상대가 집요하게 질문하면 난 감해 하며 자리를 뜨게 되는 것이다.

"한 번은 조선 무역상이 나한테 어떤 광물을 팔러 와서는 '살래 말래' 물어보길래 냉큼 '사겠다'고 했어요. 그런데 자꾸 광물에 대해서는 말하지 않고 다른 이야기를 하더라고요. 나도 그 물건이 뭔지를 정확히 알아야 하니 몇 번이고 물어보는데 가만히 보니 그 친구가 세부적인 내용을 전혀 모르더라고요. 모르는데 자존심은 세니 자꾸 딴청을 피우고 대화를 피한 거지요. 그래서 나도 이 친구 장단에 맞춰서 두루뭉술한 얘기만 하고 보냈어요. 어차피 구체적인 내용은 계약 과정에서 다룰 테니 상관 없지요."

A사장은 이어서 두 번째 룰인 '세 번 만난 다음에 가격 제시하기'에 대해 설명했다.

"이 룰은 조선 무역상에게 물건 제값 받는 방법이에요. 조선 무역상들이 물건을 사러 오면 절대 첫 만남에서 물건 가격을 제시하지 마세요. '물건 값이 어떻게 되느냐' 물어오면 넌지시 "우리 같이 생각해보자"라고 말하세요. 그럼 그 다음날에 조선 무역상들이 또 찾아와요. 이번에도 무심하게 '얼마 정도에 사갈 생각이냐'고 물어보면, 그 친구들은 내 눈치를 보면서 '아직도 생각을 다 못했다'고 답하지요. 그럼 그냥 만난 김에 차나 마시는 거예요."

"그럼 세 번째 찾아오면 어떻게 하나요?"

"이게 바로 비법인데, '중국에서 얼마에 팔고 있더라'라고 말을 하면 돼요. 이때 말하는 가격이 내가 원하는 가격이죠. 그럼 조선 무역상들도 내가 제시한 가격 범위에서 자신들이 바라는 가격을 얘기하지요. 이 과정이 지난하긴 해도 이렇게 해야 조선 무역상들이 사기 당하지 않고 좋은 가격에 물건을 잘 샀다고 여겨요. 자신들 나름대로 '밀당'을 했다고 생각하는 거지요. 그리고 아시다시피 조선 무역상들은 자신들이 사려는 물건에 대해서 전문성이 없잖아요? 그러니 상대방이 가격을 제안하기를 기다리는 경향이 있어요. 물론 가격이 터무니 없다 싶으면 뒤도 안 돌아보고 가겠지만요."

"북한 무역상 상대하기가 많이 힘드시겠어요. 한국인이나 중국인들과 사업할 때보다 까다롭지요?"

내 질문에 A사장이 손사래를 쳤다. "아니에요. 조선 무역상들은 솔직하고 진실해요. 이 사람들 여기서 거래 성사해봤자 자기 포켓에 돈이 들어가지는 않아요. 물론 좀 남겨 먹는 것 있다고는 해도 애초에 큰 돈 벌 일은 아니라는 거지요. 그러니 일 하는 자세가 공무원 같아요. 우정도 쉽게 쌓고 거래도 쉽게 이어가지요."

북한 무역상을 대할 때 금기어를 물어보자 A사장은 "그게 중요한 건 아니에요"라고 말했다. "물론 금기어야 많지요. 김정일 동지에 대해 얘기한다든지, 한국에 대해 얘기한다든지, 조선을 북한이라고 말한다든지. 그런데 그런 단어 하나 하나가 중요한 건 아니고요. 재차 말하지만 이 사람들의 소통 방식을 배우는 것이 가장 중요해요."

북한 무역상을 상대하는 방법

2019년 7월 랴오닝성 다롄에서 북한 무역상 전문 통역 가이드 진 씨를 만났다. 진 씨는 50대 조선족 여성으로 2018년 9월부터 가이드 일을 시작했다. "아지메이모가 9년 동안 단둥에서 조선북한 상대로 무역 사업을 해왔는데 조선 사람들과 워낙 트러블이 많이 생겨서 나를 불렀어요"라고 말했다. 북한 무역상들은 가이드도 까다롭게 고른다. 지인 소개 없이는 일할 수가 없고, 중국말 조선말 모두 능통해야 한다.

진 씨의 말에 따르면 북한 무역상들은 기차와 도로를 이용해 단체로 중국에 입국한다. 북한 무역회사 한 곳에서 10~20명씩 들어오는데 입국 후에는 조를 나눠서 따로 움직인다. 보통 10명 미만의 무역상과 이들을 관리하는 '단장'인 군인 간부가 한 조를 이룬다. 매번 입국 때마다 열흘 정도씩 머물다 간다.

북한 무역상들의 주요 임무는 북한의 물자 확보다. 수출 계약 체결 임무는 드물다. 이들은 중국 곳곳을 돌며 북한이 필요한 물품들을 대거 사들인다. 가구부터 의류, 식품까지 다양하다. 구매 목록에 따라 행선지가 바뀌는데 주로 광저우, 선양, 단둥 등을 간다.

가이드는 북한 무역상들이 중국에 머무는 동안 이들의 통역은 물론 수족이 돼야 한다. 북한 무역상들과 한 방을 쓰며 잠도 같이 잔다.

"내가 만나본 북한 무역상들은 전부 '공무원' 같은 사람들이에요. 뭘 사고 팔기는 하는데 사업가는 아니고요. 조선^{북한}에서는 그래도 신분이 있는 사람들이라 정부가 믿고 일을 맡기는 일꾼들이지요. 얘기를 들어 보면 아버지가 예전에 군인이었거나, 할아버지가 건국 공신이거나 해요. 그 정도 출신 성분은 돼야 해외에서 무역 일을 할 수 있다고 하더라고요. 폐쇄적인 북한에서 해외를 돌아다니며 일하는 무역상이란 특혜에 가까운 직업이니까요."

가이드 진 씨는 북한 무역상과 함께 일하면서 가장 어려운 일로 '돈 거래 방식'을 꼽았다. 북한 무역상들의 경제 개념이 진 씨와 달라 충돌을 자주 빚었다는 것이다.

"조선 무역상들은 '인센티브'라는 개념을 몰라요. 당에서 준 돈을 가지고 당의 지시에 따라 중국에서 물건을 사가기 때문에 사업가 마인드가 없어요."

진 씨는 자신의 사례를 들려줬다. "조선 무역상들은 중국에서 구매하려는 물품 목록을 입국 전에 알려주곤 해요. 저는 중국의 판매업자와 조선 무역상 사이에서 중개인 역할도 하기에 사전에 어디서 어떤 물품을 얼마에 파는지 조사를 해요. 이때 판매업자들에게 가서 가격을 최대한 깎지요. '장기적으로 조선 무역상과 거래를 하려면 너무 이윤을 많이 붙이지 말고 적정한 판매가를 내라.' 이런 말로 설득을 하고 대량 구매 의사를 밝히면 대부분 시세보다 약간 저렴하게 물건을 준다고 해요. 판매자는 어쨌든 제가 큰 거래를 물어다 줬으니 말하지 않아도 인센티브를 챙겨 주지요. 보통 거래 금액의 5~10% 정도를 줘요. 그런데 조선 무역상들은 제가 그런 인센티브를 챙기는 것을 '도둑질'이라고 생각해요. 저는 구태여 속일 생각이 없으니 인센티브가 있다고 말을 하지요. 그리고 몇 번이고 '나는 중개인 역할을 했고, 구매 가격을 낮춰서 당신들도 이득을 보는 것이니 비싸게 사고 싶지 않으면 잔말하지 말라'고 했지요."

진 씨는 "조선 무역상들은 돈 거래에 무디다"면서 푸념을 이어갔다. "사업을 하다 보면 현찰, 계좌 송금, 어음, 선 결제, 후불은 하늘과 땅 차이인데 조선 무역상은 다 비슷하다고 생각하는 경향이 있는 것 같아요."

그는 또다시 자신의 경험에 대해 말하기 시작했다. "보통 조선 무역상들이 중국에서 물자 쇼핑을 할 때는 현지 가이드에게 현금을 맡기고 결제를 하지요. 그런데 간혹 예산을 초과하는 물건을 사려고 할 때가 있어요. 보통 가구 같이 덩치가 큰 물건들이죠. 그런 상황에서 저는 '현금이 부족하니 이번에는 못 산다'고 말리지요. 그럼 조선 무역상들은 '어차피 조국북한에서 다 돈을 쏴주는데 뭐가 문제냐'면서 판매업자에게 외상 거래를 하자고 해요. 그런데 문제는 판매업자가 조선 무역상을 보고 외상을 주는 게 아니라 제 신용을 담보로 물건을 넘 긴다는 거예요. 나중에 조선에서 돈을 안 줘도, 입금을 늦게 해도 전 부 제가 덤터기를 쓰게 되는 구조이지요. 초짜 가이드들은 조선 무역 상들이 하도 우기니 외상 거래를 해주기도 하는데 그렇게 사기 당해 망한 사람도 많다고 들었어요."

진 씨는 "외상보다는 낫지만 후불 거래도 위험하기 짝이 없어요. 조선 무역상들이 가끔 판매업자에게 '물건 배송이 시작되면, 돈을 부 쳐줄게'라고 하는 경우도 있어요. 그런 상황이 발생하면 저는 판매업 자에게 귓속말로 선불 아니면 팔지 말라고 해요. 조선 무역상들이 그 런 식으로 후불 계산을 약속했다가 안 지킨 경우가 정말 많거든요. 조 선 무역상들은 항상 중국에서 사가야 할 물건을 많고, 돈은 빠듯해요. 돈 부족한 사람들을 뭘 믿고 외상 거래, 후불 거래를 하나요?"

진 씨는 "조선 무역상들은 평소 계산은 빠르면서 정산은 허술하게 해준다"는 불평도 늘어놓았다. "하루 종일 시장과 백화점을 돌면서 수십, 수백 건의 결제를 하는데 조선 무역상들은 어지럽지도 않은지 정확하게 남은 돈을 계산해요. 저도 나중에 누락된 숫자가 생기면 안 되니까 정신을 바짝 차리고 계산기를 두드리지요. 밤에는 잠 못 자고 장부 정리를 하고요. 그런데 이렇게나 돈에 예민하고 정확한 사람들 이 제 임금 정산은 어설프게 하더라고요. 제가 열흘간 일해서 2,000 위안약 34만 원을 받아야 하는데 이 푼돈을 제대로 안 주려고 해요. 제게 맡긴 현금에서 각종 지출을 제하고 1,700위안이 남았는데 선심 쓴다

는 듯이 '잔돈 필요 없으니 다 가져라'고 말해요. 남은 돈이 부족하다
고 말하면 조선 무역상들은 얼굴이 벌개져서 '네가 계산을 제대로 못
한 거다'라고 몰아가요. 그러니 저는 그냥 '고맙습니다' 하고 받고 말
지요. 어차피 인센티브로 얻는 수입도 있으니까 그것으로 위안을 삼
지요. 이래서 조선 사람하고 거래를 할 때는 이윤을 많이 남기라고 하
나 봐요. 줄 것도 제대로 안 주니 처음부터 많이 남겨 먹어야 안심이
되지요."

약 달고 사는 북한 무역상

중국에 출장 나온 북한 무역상들은 매일 새벽 5시 30분에 일어난
다. 6시에 문을 나서서 아침밥을 파는 가게에 들어간다. 중국인들이
즐겨 먹는 아침 메뉴인 유탸오油條, 튀긴 빵와 더우장豆漿, 콩물을 포장해
양손에 들고 시장을 돌기 시작한다.

하루 종일 앉아서 식사할 여유는 없다. 계속 판매처를 돌면서 물
자 쇼핑을 이어간다. 점심은 서서 먹고, 이동하는 차 안에서 소화시킨
다. 조선 무역상들을 데리고 다니는 가이드들은 각종 상비약을 필수
로 가지고 다닌다. 강행군을 못 버티고 쓰러지거나 구토를 하는 무역
상들이 흔하기 때문이다.

"저는 보통 한국에서 파는 종합영양제나 소염제를 가지고 다니면
서 조선 무역상들에게 먹여요. 워낙 악에 받쳐 일을 하는 사람들이다
보니 옆에서 보기 아슬아슬할 때가 많지요. 지난번에 맡은 조선무역

상들은 열흘 안에 단둥에서 상하이, 저장성까지 오가느라 시체와 같은 몰골이 됐어요. 마지막 날에는 다들 술을 엄청 마시고 곯아 떨어졌는데 아침에 깨우느라 고생했지요."

진 씨는 북한 무역상들의 성격이 괴팍한 건 '팩트'라고 했다. "조선 무역상들은 살인적인 스케줄을 소화해야 하는데다 원래 성격도 안정적이지 못해요. 흔히들 말하는 막무가내인 편이에요. 척박한 환경에서 살기 때문인지 성격이 불 같고, 예의를 통 안 지켜요. 일단 화가 나면 앞뒤 상황 가리지 않고 버럭 성질을 내고는 사과도 없이 지나가요."

"어떻게 하면 그런 북한 무역상들과 잘 지낼 수 있나요?" 내가 물었다.

진 씨는 망설임 없이 "감정을 잘 다스려야 해요"라고 답했다. "제 아지메이모가 단둥에서 조선을 대상으로 오랫동안 무역업을 해왔는데 조선 사람들과 대화를 하다 열 받는 일이 많아서 몸이 상했어요. 제가 자주 아지메에게 이렇게 말하죠. '이미 일은 다 지나갔는데 화내봐야 상관 없지 않아요? 화내봐야 몸만 아프죠.' 그러면 아지메가 저를 붙잡고 울면서 저한테 많이 배운다고 그래요. 처음에는 제가 일하는 속도가 느리다며 타박을 했는데 지금은 제 느긋한 성격이 조선 무역상 상대하기에 딱이라고 좋아해요."

진 씨는 "조선 무역상들에게 진심으로 다가가면 일하기가 조금은 수월해요. 아무래도 감동을 받으면 함부로 행동하지 않게 되지요"라고 말했다. 그는 이어 "조선 무역상들도 상처가 많지요. 조선에서 중국에 넘어 온 화교들이 조선 무역상들 뒤통수를 많이 쳤어요. 조선 무역상들은 이들을 믿고 거래했는데 일부 조선 화교^{북한 화교}들은 중간에서 돈을 많이 착복해서 비싼 시계 차고 다니면서 과시하는 일이 허다했어요."

"말 조심, 행동 조심도 필수지요. 저는 조선족이지만 어쨌든 조선 혈통이니 조선이라 하지 말고 '조국'이라 말해야 해요. 또 한국에 전화 걸거나 한국인을 만나는 것을 보여서도 안 되고요. 조선 노래도 한 곡 배웠는데 술자리에 한 곡조 뽑으면 다들 박수치고 좋아하지요"

진 씨는 무언가 생각난 듯 잠시 말을 멈추고 나를 쳐다봤다. "그런데 조선 무역상들이 정말 특이한 점이 있어요. 시장에서 자신을 한국 사람이라고 소개하고 다녀요. 조국^{북한}의 이미지가 별로라는 것을 알아서 그런 거죠. 한국인이라고 하면 선망의 눈초리로 보는 것을 아니까 판매업자들에게 한국에서 온 사업가라고 거짓말을 해요. 조선 무역상들도 자신들의 국적과 직책이 부끄럽나 봐요."

중국을 이용하라

"더 많은 한인 사업가들이 중국에 와서 대북 사업에 도전해 봤으면 좋겠습니다. 한국인이 북한 상대로 사업하기 가장 좋은 곳이 바로 중국입니다."

중국 랴오닝성 다롄에서 만난 한인 사업가 이 사장은 "중국이라는 제3국을 이용한다면 멈춰 선 남북 민간 경제 교류가 크게 확대될 것"이라면서 이렇게 말했다. 그는 1992년 한중 수교 당시 중국으로 넘어와 20여 년간 무역업에 종사하고 있다. 그가 말하는 중국을 이용한 대북 사업 이점은 다섯 가지다.

첫째, 중국의 조선족 인재를 활용할 수 있다.

북한과 국경을 맞대고 있는 중국의 주요 도시에서 사업을 하면 조선족을 직원을 쉽게 구할 수 있다. 북한 화교 등 직접적인 북한 연고자緣故者를 고용하는 것도 가능하다. 이들은 한국과 북한 모두 언제든 갈 수 있는데다 중국어와 한국어가 능통하다는 장점이 있다. 뿐만 아니라 이들 중에는 북한과 오랜 사업 경험이 있는 인재가 많아 사장이 직원으로부터 노하우를 흡수할 수도 있다. 이사장은 "할 수만 있다면 북한 고위층과 친분 관계가 검증된 조선족 기업인들과 친하게 지내야 합니다"라면서 "이들은 북한의 주요 정부기관과 직접적으로 결탁돼 있기 때문에 북한 사정에도 밝고 사업 기회를 알려주기도 합니다"라고 말했다.

둘째, 북한 측 사업 파트너와 직접 소통할 수 있다.

중국의 북중 접경지역에서는 북한의 무역상들을 쉽게 만날 수 있다. 한국인 사업가들은 과거 대북 사업을 할 때 민족경제협력연합회 등 제3자를 통해 사업을 협의해야 했기에 소통의 어려움이 컸다. 그러나 중국에서는 북한 무역회사가 수백 곳이 있고, 북한에서 직접 파견한 무역상들과 마주 보고 협상을 할 수 있다. 중국의 '무역대리회사'도 든든한 자원이다. 이들 회사는 한인 기업들이 비용만 지불하면 대북사업에 대한 정보와 네트워크를 제공한다.

셋째, 북한에 회사를 세울 수 있다.

중국에 진출한 한인 사업가들은 '중국 법인'을 세울 수 있다. 중국 법인의 한 가지 이점은 국적 세탁이 가능하다는 것이다. 한국인이 운영하는 회사지만 엄연히 중국 국적의 회사이기 때문에 북한에 진출할 수 있다. 보통 북한의 무역회사 한곳과 손잡고 북중 합작회사를 만들어 북한에 법인 등록을 한다. 한국인 사장이 북한의 회사를 갖게 되는 것이다. 한국인 사장은 북한에 갈 수 없지만 관리에는 문제가 없다. 어차피 조선족 직원이 북한 출장을 가면 될 일이기 때문이다. 북중 합작회사를 손에 넣으면 북한과의 무역사업과 각종 투자도 원활하게 진행된다. 이사장은 "제가 아는 한 기업인은 한국의 비영리단체를 돕다가 북한에 회사를 세웠습니다"라고 했다. 북한에 지원 물자를 정기적으로 보내주다가 아예 물자 수령이 업무인 회사를 북한에 세운 것이다. 현재 이 회사는 정상적인 무역 사업도 하고 있다.

넷째, '중국 관행'의 보호를 받는다.

한인 사업가들이 1990년대 대북 사업을 하면서 겪은 가장 큰 어려움은 '북한 관행'이란 명목의 각종 제한 정책이었다. 한국 기업의 통신·통관·통행이 막혔고, 개성공단에서는 임금 직불이 불가능했다.

그러나 중국에서 하는 대북 사업은 철저하게 '중국 관행'의 보호를 받는다. 중국 기업과 같은 대우를 받기 때문에 불합리한 규제에서 비교적 자유롭다.

다섯째, 물자 공급이 원활하다.

대북 투자 사업의 경우 물자 부족이 극심한 북한에 자재를 공급해야 하는 경우가 있다. 이 경우 한국보다는 중국에서 물자를 공급하는 편이 훨씬 수월하다. 비용과 시간이 절약된 만큼 생산 마감일을 앞당길 수 있다.

북중 경협 확대는
한국에도 기회인가

앞으로 둘 중 하나의 시나리오가 실현될 것이다. 중국이 북한 경제를 독점하거나, 한국이 북한과 중국 사이를 비집고 들어가 북한의 주요 경제 파트너가 되거나. 한국이 북한과 중국 사이를 비집고 북한과의 경제 교류를 확대하고자 한다면 그 어느 때보다 전략이 필요하다. 낯설게 들리겠지만, 한국이 중국 등에 올라타 북한과의 경제 협력을 확대해야 한다. 중국을 이용하지 않고서는 북한과의 경제 교류를 확대하기 어렵기 때문이다. 역설적으로 북한 경제가 중국의 우산 아래 들어간 덕분에 한국이 대북 경협을 손쉽게 확대할 수 있을지도 모른다.

북중보다 먼저였던 남북 경제협력

1988년 7월 7일은 남북관계 역사에서 특별한 날이었다. 남북관계의 근본적인 변화를 불러온 '민족자존과 통일번영을 위한 대통령 특별선언7·7선언'이 발표됐기 때문이다.

"북한을 경쟁과 대결이라는 적대적 대상이 아니라 통일을 위한 동반자, 즉 민족공동체의 일원으로 보아야 한다." 생중계되는 텔레비전과 라디오 앞에서 노태우 대통령은 7·7선언을 읽어 내려갔다. 선언에는 6개의 조항이 포함됐다.

- 남북동포 간의 상호교류 및 해외동포의 자유로운 남북왕래를 위한 문호 개방
- 이산가족의 서신왕래 및 상호방문 적극 지원
- 남북 간 교역을 위한 문호 개방
- 비군사물자에 대한 한국의 우방과 북한간의 교역 찬성
- 남북 간의 소모적인 경쟁대결외교 지양 및 남북대표 간의 상호협력
- 북한과 한국 우방과의 관계 개선 및 사회주의 국가와 한국과의 관계 개선을 위한 상호협조

길지 않았지만 획기적인 내용이었다. 북한을 적이 아니라 통일을 향한 동반자로 규정했기 때문이다. 당시만 해도 한국사회에서는 냉

전 종식의 기미가 보이지 않았고, 소련과 동유럽의 체제는 굳건해 보였다.

　당시 한국 정부는 이념과 체제의 시대가 끝나고 새로운 시대가 열린 것을 감지하고 있었다. 냉전적인 사고에서 벗어나야 한다고 믿었던 것이다. 그래서 사회주의 국가들과의 수교를 추진하고, 7·7선언으로 남북관계를 근본적으로 변화시키고자 했다. 선제적인 외교정책이었다. 동아일보 사설은 "북한은 이제 적이 아니다. 대결하고 봉쇄 고립화할 상대가 아니다. 남북은 적대관계 아닌 동반자 관계로 바뀌어야 한다"라고 썼다. 한겨레신문은 "남북관계의 새로운 전개를 가능케 하리라는 기대를 갖는다"고 보도했다.

　7·7선언의 또 다른 큰 의미는 남북 간 경제협력의 시작을 알렸다는 것이다. 1989년 분단 이후 최초로 남북교역이 성사됐다. 한국의 대기업들이 선발대가 되어 1994년 복장 부문을 중심으로 북한에 진출했다. 특히 섬유봉제가공업은 다른 산업에 비해 초기 투자 비용이 덜하다는 이유로 북중 경협의 주력 산업이 됐다. 물론 초기 북한 진출 과정에서 한국의 대기업들은 현지 인프라와 제도 등의 문제로 성공을 거두지는 못했지만, 남북 경제 협력 가능성을 충분히 확인했다. 한국은 지속된 인건비 상승으로 기업들이 해외 공장 이전을 고민해야 했고, 북한은 의류 임가공 등 일부 분야에서 한국의 내수를 충족시킬 만큼의 충분한 인력 자원과 시설을 갖고 있었기 때문이다. 실제로 2000년대 들어서는 중소기업들이 대거 대북 사업에 나섰다. 이들 기

업은 한국 대기업 북한 진출의 경험을 반면교사 삼아 중국이라는 제3국을 이용해 남북 경협의 문제점통신, 통행, 통관을 극복했다. 중국 단둥, 훈춘 등 북중 접경지대에 터를 잡은 한인 사업가들이 많았다.

놀라운 사실은 긴 시간 분단의 세월을 겪은 남북이 북한과 중국에 앞서 경제협력을 본격화했다는 것이다. 북중 경협은 남북 경협보다 10년 정도 늦은 2000년대 이후에 본격적으로 시작됐다. 1990년 전후 구 사회주의권이 붕괴된 지 한참 지난 뒤에 양국 경제 교류를 챙긴 것이다. 이는 과거의 중국이 경제적으로 낙후해 북한을 보는 시각이 경제보다는 정치·안보협력의 틀에 갇혀 있었기 때문이다. 1992년 한중 수교로 북중 관계가 악화된 것도 북중 경협 확대에 제동을 걸었다. 남북 경협이 정부와 대기업을 중심으로 확대되는 동안 북중 경제 교류는 소규모 민간경제 교류에 멈춰 있었다. 북한 화교, 중국 조선족이 주도하는 소규모 보따리무역이 사실상 북중 경제 교류의 중심이었다.

그러나 30여 년이 지난 지금 상황은 반대가 됐다. 남북 경협이 막히고 그 자리를 북중 경협이 대신했다. 남북 대결의 세월이 끝나고 경협의 시대가 열리나 했는데 아니었다. 한국은 견고해진 북중 머니 커넥션을 뚫고 들어가야 하는 처지가 된 것이다.

한국과 중국에 의존했던 북한 경제

2000년대 북한의 대외무역은 철저하게 한국과 중국이 양분하고 있

었다. 2000년대 중후반 북한의 전체 대외무역에서 남북과 북중 무역
액이 차지하는 비중은 80%가 넘었다.

한국과 북한이 북한의 교역 파트너로 견고하게 자리 잡으면서 북
한의 무역 의존도는 빠르게 높아졌다. 2001~2008년 북한의 대외무역
은 연평균 11%씩 성장했다. 2000년 24억 달러에 불과하던 북한의 무
역액이 2008년에는 56억 달러로 두 배 이상 늘었을 정도였다. 북한도
점점 무역으로 먹고 사는 나라로 바뀌었다.

북한의 무역 규모가 늘어갈수록 북한의 대외무역은 한국과 중국
이라는 단 두 나라와의 교역에만 집중됐다. 2000~2008년 남북교역
은 4배, 북중 무역은 6배가 늘었다. 2000년대 들어 북한과 교역량이
늘어난 나라는 한국과 중국뿐이었다. 1990년대 후반 북한의 주요 교
역 상대국이었던 일본과의 무역은 2000년대 들어 급격히 줄어들었
고, 일본이 대북제재를 본격화한 2000년대 중반 이후에는 교역이 중
단됐다. 일본 외에 다른 나라들과의 교역 규모도 줄었다.

한국과 중국은 북한의 대외 무역을 떠받치는 두 기둥이었지만 두
나라의 역할은 확연하게 달랐다. 한국은 북한의 물건을 사들이는 '돈
줄'이었고, 중국은 북한이 돈을 내고 물건을 가져오는 '구매처'였다.
2008~2009년 북한은 중국으로부터 2,800여 개의 상품을 수입했고,
그 수입액은 19억~20억 달러에 달했다. 중국을 안정적인 물자 공급
처로 낙점한 것이다. 같은 기간 북한이 한국으로부터 수입한 금액은
2억 달러 정도로 중국의 10분의 1 수준이었다.

한국은 북한의 가장 중요한 외화벌이 수단이었다. 남북교역이 크게 활성화되었던 2007년에는 북한이 한국에 수출한 규모6.5억 달러가 중국 수출 규모5.8억 달러를 넘어섰다. 무역 외에도 한국이 북한에 외화를 공급하는 수단은 여러 가지가 있었다. 금강산 관광, 개성공단 등 관광사업이 대표적이다. 이러한 형태의 거래는 남북 사이에서만 나타났고 북중 간에는 찾아보기 어려웠다.

사실 2000년대에 한국과 중국은 북한을 놓고 일종의 줄다리기를 한 셈이다. 두 나라 모두 북한과의 경제 협력에 관심이 커지고 있었다. 북한 또한 한국과 중국의 적극적인 대북 교역 확대에서 수혜를 입었다. 한국으로부터 외화를 얻고흑자, 그 돈으로 중국에서 물자를 샀으니적자 나름대로의 선순환이었다. 한중 간 줄다리기가 계속되는 이상 북한은 한국과 중국 어느 나라에도 완전히 의지할 필요가 없었다.

5·24 조치로 중국에 올인한 북한

북한이 북중 경협에 올인하게 된 계기가 있다. 바로 남북 경협이 하루아침에 뚝 끊긴 2010년 5·24 대북제재조치다. 2008년 7월 금강산 박왕자 피격사건, 2010년 3월 천안함 폭침을 이유로 한국 정부가 실시했다.

2010년 5·24 조치가 실시되기 이전까지 북한의 대외무역은 한국과 중국이 양분했기에[38], 이 조치의 영향은 큰 주목을 받았다. 예상 시나리오는 크게 두 가지였다.

   — 남북교역으로 벌어들이던 외화가 사라지면서 북한이 대중 무역적자를 해소할 길이 막히게 되고 북중 무역 역시 정체에 빠진다.

   — 북한이 기존의 남북교역을 북중 무역으로 대체해 북중 무역이 확대된다.

결과적으로 두 번째 시나리오가 맞았다. 5·24 조치 이후 급속히 늘어난 북중 무역의 영향으로 조치의 효과가 상당 부분 무력화됐다.

5·24 조치 이전인 2009년에 비해 2010~2012년 북한의 한국 수출 규모는 연평균 4.5억 달러 정도 감소했다. 반면, 같은 기간 동안 북한의 대중 수출은 15.2억 달러가 늘었다. 5·24 조치로 인한 남북교역의 감소를 북중 무역이 완전히 대체하고도 남은 것이다.

주목할 점은 북한이 대외 무역에서 슬슬 중국의 눈치를 보기 시작했다는 것이다. 5·24 조치 이후 늘어난 북한의 대중 수출은 북한이 중국이 원하는 물품과 양을 맞춰줬기에 가능했다. 무연탄과 철광석 같

---

38 5·24 조치 직전인 2009년 남북교역은 17억 달러 규모로 그 해 북한 전체 무역액인 51억 달러의 33%를 차지한다.

은 품목의 대중 수출은 급격히 확대했다. 북중 무역을 늘리기 위해 북한이 자체적으로 산업구조를 바꾸거나 구조 조정을 했다는 의미다.

5·24 조치는 예상 외로 오랫동안 지속됐다. 2016년에는 개성공단이 폐쇄되면서 남북의 거의 모든 경제 협력이 중단됐다. 북한의 전체 대외 무역액에서 중국과의 무역액이 차지하는 비중은 90%를 넘어섰다. 북중 접경무역이 활성화되면서 북중 간의 경제 교류의 규모가 커지고 북중 양측의 지방정부가 나서서 성사시키는 경제 거래도 늘어났다. 북한 경제는 중국에 크게 의존하게 됐다.

표15. 남북, 북중 관계 변천

남북	북중
1991년 12월 남북 기본합의서	1992년 8월 한중수교
1990년대 대기업 북한 진출	북중 관계 악화, 보따리 무역 중심
1998년 대기업 철수	2000년 북중교역 1차 증대, 개인 투자 중심
2000년 내륙기업 진출	2010년 북중 교역 2차 증대, 국가 투자 중심
2003년 12월 개성공단 착공	2016년 변경합작구 설치, 관광산업, 국경 인프라 확대
2010년 5월 5·24 조치 남북교역 중단	
2016년 2월 개성공단 폐쇄	
2020년 북한 개별관광 추진	

자료:통일연구원

제재 완화 시대를 대비하라

2016년 북한의 연이은 핵실험으로 대북제재가 강도가 역대 최고 수준으로 높아졌지만, 북중 간의 경제 협력은 계속해서 이어졌다. 양국의 경제 협력 욕구가 강해 제재 속에서도 국경을 매개로 교류를 확대해 나간 것이다.

중국은 대북제재에 동참한다고 밝히면서도 소극적인 태도로 제재의 구멍을 만들었다. 2016년 상무부 고시를 통해 북한의 주력 수출품목에 대한 수입 금지 조치를 가했지만, 북중 접경지역에서는 양국 간의 밀거래가 성행했다. 중국 내 불법 체류 중인 북한 노동력 단속은 느슨하게 했고, 대북제재 대상이 아닌 관광업에서 북중 경협을 크게 확대하며 북한이 외화를 벌 수 있게 도왔다. 북한 내부 발전에 반드시 필요한 유류와 각종 물자는 대부분 중국에서 조달했다. 북한과 국경을 맞댄 중국 지방정부들은 2016~2020년 계획13차 5개년 계획에서 북한과의 경협을 최우선 과제로 내세웠다. 제재 국면에서도 북중 국경에서는 다리가 새로 건설되고 각종 통관 시설들이 정비됐다. 북한과 중국의 경협은 향후 대북제재가 완화되면 폭발적으로 확대될 것이다.

현재의 초강도 대북제재는 앞으로 완화될 가능성이 높다. 이 경우 한국의 5·24조치도 해제될 가능성이 높아진다. 5·24조치로 북중 교역으로 전환되었던 교역 수요는 일부는 다시 남북교역으로 이동할 것이다. 이 경우 북한이라는 시장을 두고 한국과 중국이 경합해야 하는 상황이 벌어진다. 북중 무역이 긴 시간 동안 활성화돼 있어 남북 무역이 과거처럼 활성화되는 데는 상당한 노력이 필요하다.

북중 간 진행되고 있는 각종 협력사업들도 제재 완화 이후 남북 경협의 걸림돌이 될 가능성이 높다. 현재 중국의 접경지역 무역 인프라 확충은 '동북지역진흥전략'이라는 큰 틀에서 추진되고 있다. 2010년 이후 북한 접경지역에 국경교량을 대거 건설하고, '단둥중조호시무역구', '허룽변경경제합작구' 등을 조성하고 있다. 북한을 통해 동해로 진출하기 위한 차항출해借港出海 전략을 위한 인프라 건설도 한창이다.

북한은 2013년부터 경제개발구 정책을 추진하고 있는데 이들 개발구가 중국을 향하고 있다는 것도 위기의식을 부른다. 북중접경지역에 조성한 10여개의 북한 경제개발구들은 하나같이 중국의 대북 경제 거점과 빈틈없이 연결된다.

이러한 중국의 동북지역진흥전략은 북한을 향해 남진하는 시도다. 그러나 한국은 이에 맞서는 전략이 없다. '한반도 신경제구상' 등 대북 정책에는 남북 접경지역, 서해안, 동해안에 대한 개발전략만 있고 1,334km에 달하는 북중 접경지역에 대한 전략은 보이지 않는다.

앞으로 중국의 동북지역진흥전략과 북한의 경제개발구 전략이 결합되면 한국이 북중 사이를 파고들기가 어렵게 된다. 북중 접경지역의 개발과 경제협력이 중국 중심으로 돌아갈 것이기 때문이다. 남북 경협 공간이 축소되는 것은 물론이고, 북한경제에 대한 중국 경제의

표16. 북중경제관계가 한반도 경제공동체에 미치는 영향

① 긍정요인	② 부정요인
─ 북한의 시장화에 영향 ─ 북한 경제 개방 촉진	─ 북한의 내수시장 잠식 ─ 중국 표준에 의한 인프라 구축 ─ 자원개발 선점 ─ 북중 경협 확대가 남북 경협 공간 잠식

영향력 확대로 한국의 대북 영향력은 크게 줄어들 수 있다. 북한의 경제 발전 전략이 중국 경제 전략과 동기화되는 문제도 있다.

그러나 한국에게 위기만 있는 것은 아니다. 북중 경협의 확대는 엄연히 한국에게도 기회다. 북중무역과 경협 확대 덕분에 북한의 시장화와 개혁·개방이 촉진됐고, 북한의 경제력이 크게 향상됐다. 남북 경협이 강화될 수 있는 기본 토양은 과거보다 훨씬 나아졌다. 북중경협과 남북경협이 경쟁적인 관계인 것만도 아니다.

남·북·중 협력

제재 완화 이후 한국과 북한, 중국의 경제 협력 공간이 크게 열릴 가능성이 있다. 한국이 의지만 있다면 중국이 닦아놓은 북중 경제관계 위에 올라타 이익을 공유할 수 있는 것이다.

서울~평양~베이징 고속철처럼 대규모 자본과 중국 참여가 필요한 사업에서 3국 협력이 가장 유력할 전망이다. 중국의 고속철은 광저우~상하이~베이징~선양을 거쳐 단둥까지 이어져 있는데, 한국이 북한

을 거쳐 중국의 고속철을 이용할 수 있다면 경제적 이익이 클 것이다. 러시아의 관심사인 가스관 연결 사업 등에서도 해외 투자를 얼마든지 논의할 수 있다. 이런 상황이 현실이 되면 한국이나 중국, 북한 모두 엄청난 경제적 이익을 향유할 수 있을 것이다.

남북중이 서로 다른 경제 발전 단계에 놓인 것도 협력 가능성을 높인다.

— 한국 경제는 기계, 전자와 첨단 기술 제품 위주의 수출 구조를 가진 반면 노동력과 생산 비용이 가파르게 오르고 있어 생산 라인의 이전과 새로운 시장 개척이 필요하다.

— 중국경제는 높은 성장 추세를 보이지만, 개혁·개방의 구조적 전환기에 접어들었다. '신창타이'라는 중간 속도 성장시기에는 과잉 생산과 과잉 자본이 가장 큰 문제다. 이러한 자본과 생산력을 해외로 옮길 필요성이 높아지고 있다.

— 북한은 김정은 정권이 들어서면서 빠르게 시장화가 이뤄지고, 대외 경제 협력의 의지도 크다. 게다가 지속적으로 확대되는 에너지 수요와 높은 시장 잠재력, 저렴하고 우수한 노동력은 한국과 중국에게 매력적인 투자 대상이다.

이 때문에 남북중은 서로 윈윈할 수 있는 경제 구조를 만들 수 있는 것이다.

그러나 남북중이 협력을 하려면 넘어야 할 산이 많다. 현재 한중 협력과 북중 협력이 가장 활발하고 남북경협은 정체된 상태다. 남북 간에 신뢰가 형성되지 않은 상황에서 북한이 접경지역에서의 북중경협에 한국이 참여하는 것을 반대할 가능성이 높다. 남북관계의 획기적인 개선 없이는 남북중 경제협력이 어렵다는 이야기다. 남북관계가 개선되지 않은 상태에서 남북중 협력이 추진되면 중국이 주도하게 될 가능성이 높고, 향후 남북관계에서 중국의 입김이 커질 우려가 있다.

남북중이 단기적으로 추진 가능한 협력사업은 접경지역을 중심으로 하는 관광 상품 개발이다. 남북중 모두 관심을 가지는 분야고, 홍보 효과가 크고, 가시적 성과를 통해 다음 단계로의 협력을 추진할 수 있게 되기 때문이다. 북한에는 유명 관광 자원이 많지만, 현재 북한 관광 사업은 중국 관광객 대상으로 하는 나진·선봉과 칠보산 관광 등에만 한정되고 있다. 백두산 북측 구역 등을 신규 관광지구로 개발한다면 해외 관광객 유치 효과가 클 것이다.

중장기적으로는 북중 접경지역에서 남북중이 특수경제지대 공동 개발과 운영에 참여하는 것이 유력하다. 북중 접경지역 특구·개발구가 한국 경제와 연계 추진될 경우 빠르게 발전할 가능성도 있다. 경제특구와 경제개발구 사업에 한국이 적극적으로 나서게 되면 향후 북중 인프라 건설 사업에도 한국이 참여할 기회가 생긴다.

장기적으로는 남북중을 잇는 교통, 통신, 인프라 건설 사업을 할수 있다. 2018년 4월 27일 판문점에서 남북정상회담이 개최되고 통일에 대한 기대감이 높아지자 국내 주식시장에서 남북경협주로 가장급등한 종목은 철도, 건설, 시멘트 등 건설 관련 주식이었다. 이는 남북 경협이 추진되면 정부 주도로 인프라 구축 사업이 추진되리라 믿고 있기 때문이다. 인프라가 갖춰져야 외국자본을 북한에 유치하기도 수월해진다. 민간기업은 정부, 공기업이 주도하는 인프라 건설의컨소시엄에 보조 참여자로 참여하는 경우가 많다.

경의선 도로 등 남북의 육상 교통망이 만들어지면 한국으로서는자재 공급과 제품 판로가 크게 확대되는 효과가 있다. 중국이 공동으로 사업에 참여하면 초기 개발자금 조달이 쉬워지고 사업의 진척도빨라진다. 북한도 교통망이 생기면 수출이 빠르게 늘어날 수 있다.

특히 북한은 북중 접경지역의 교통·물류 협력을 오랫동안 갈구해온 터라 적극 협력할 가능성이 높다. 북한이 지리적 위치의 이점에도불구하고 교통 인프라 부재로 경제 발전의 기회를 놓치고 있기 때문이다. 북한의 접경지역 대부분을 차지하는 한국과 중국의 교통망이완전히 뚫린다면 북한의 획기적인 경제 발전도 가능할 것으로 보인다. 북한의 개혁 개방 또한 외자 유치 환경 개선으로 더 빠르게 촉진될 것으로 보인다.

남북중이 함께 협력하면 북한이 빠르게 정상국가로 발돋움하는 데도 도움이 된다. 북한이 본격적으로 외자 유치를 원활하게 하기 위해서는 국제통화기금IMF을 가입하고 세계은행·아시아개발은행ADB·아시아인프라투자은행AIIB 등의 회원이 돼야 한다. 한국과 중국이 같은 목소리를 내면 북한은 빠르게 이들 국제기구에 가입해 공적 자금을 수혈 받을 수 있다.

짐 로저스가 보는 남북 경제협력의 효과

투자의 귀재로 불리는 로저스홀딩스 회장 짐 로저스는 2020년 1월 일본 경제주간지와의 인터뷰에서 "북한 경제 개방을 막을 수 없다. 북한 경제가 개방되면 2~4년 내로 북한 버블이 올 것이다"라고 말했다. 실제로 그는 남북한 간의 관광이 활발해질 것이란 기대로 대한항공에 투자했고, 신규 투자처로 '철강' '인프라' 업종에 주목하고 있다.

이머징마켓 투자의 구루로 유명한 템플턴자산운용 이머징마켓 그룹 회장 마크 모비우스는 2018년 5월 미국 경제전문방송 CNBC와의 인터뷰에서 남북 결합은 한국이 보유한 기술, 노하우, 제조 능력과 북한이 보유한 천연자원의 아름다운 조합이라고 강조했다. 그러면서 투자자들은 가급적 일찍 투자에 뛰어들어야 한다고 말했다. 그는 북한 투자가 비록 비용이 들겠지만, 장기적으로는 큰 이익을 가져다 줄 것이라고도 했다.

북한이 개방되면 한국의 대기업과 중소기업, 개인 모두 큰 투자 기회를 얻는다. 대기업들은 자금을 무기로 건설, 자원 개발, 물류, 유통,

호텔, 관광사업 등에 전면적으로 나서면 큰 이익을 얻을 수 있다. 북한을 이머징마켓으로 보고 대규모 투자를 하는 것이다.

북한 관광지의 호텔을 대기업이 사들여 개보수하거나, 신축 호텔을 설립할 수도 있다. 북한은 백두산, 금강산, 묘향산 등 유명한 자연 관광지가 많고, 개성의 고려 궁궐이나 평양의 고구려 유적 등 문화 유적지 보존도 잘 되어 있어 관광 사업의 잠재력이 크다. 현재 북한의 호텔이 대부분 1980년대에 지어져 시설이 낡고 서비스 수준이 낮은 것도 투자 잠재력을 높게 사는 이유다.

새로 호텔을 짓는다면 지방 도시의 관광지를 노려도 된다. 북한은 고급 호텔이 수도에 몰려 있는 것이 특징이다. 고려호텔, 류경호텔 등 특급 수준의 호텔은 평양에서밖에 찾아볼 수 없다. 북한이 경제 개방 초기에 문호를 열어줄 지방 도시의 관광지를 대대적으로 개발한다면, 카지노 등 오락 시설 건립 허가를 상대적으로 쉽게 받을 수 있다.

유통 대기업들도 초기 개방된 북한의 거점 도시에 진출할 기회가 있다. 한국에서 운영해 오던 할인마트나 백화점 등을 선제적으로 입점시키는 방안을 추진할 수 있다. 개방 이후 북한 내 인프라가 점차 갖춰지면 도시와 도시가 연결되면서 물류 운송비가 줄고 사업성도 좋아질 것으로 보인다.

인프라 사업은 대기업과 정부가 함께 해야 하는 영역이다. 북한 개방 초기에는 항만과 공항 등 시설부터 개발할 가능성이 높다. 이후 철도와 도로 등 전반적인 인프라 구축으로 넘어가게 된다. 인프라 개발은 속도 조절이 중요하다. 민간 기업들의 북한 진출보다 가파르게 앞서서 개발되면 북한 노동력의 임금이 지나치게 오를 염려가 있기 때문이다. 따라서 북한의 인프라 건설은 정부 주도로 공기업과 대기업이 공동 투자하는 방식으로 진행될 가능성이 높다. 북한 인프라 건설이 본격적으로 시작되면 건설자재 수요가 급증하기 때문에 국내 토목건설 기업들에는 빠르게 성장할 기회가 온다.

중소, 중견 기업들에게도 큰 기회가 있다. 과거 개성공업단지에 입주했던 한국기업들도 대부분 북한의 저렴한 노동력을 활용하는 중소, 중견 업체였다. 노동집약적인 경공업 기업들은 북한이 개방되면 저렴한 비용으로 넓은 토지에 많은 인력을 고용할 수 있게 된다. 의류나 수산물 가공 공장, 부품 생산 공장 등을 가동하면 수익성이 높다. 지금까지는 북한에서 생산한 제품을 한국으로 다시 들여와야 하는 번거로움이 있었지만, 북한에서 직접 판매가 가능하게 되면 수익성이 한층 더 개선된다.

개인 사업자들은 낙후한 북한의 서비스업이나 유통업에 선제 투자하면 경쟁자가 적어 빠르게 성공할 수 있다. 한국의 식료품이나 생필품을 북한에 판매하거나 미용실, 노래방, 화장품판매점 같은 서비스업도 초기 자본금은 적게 들면서 이윤은 크다. 북한 주요 도시에 거주하는 상류층을 타깃으로 하는 서비스업 또한 개인들이 도전할 수 있는 영역이다.

'쓰려고 했던 것'과
'실제로 쓴 것'

이 책은 내가 원래 가졌던 북한과 중국에 대한 생각들을 깨뜨리면서 썼다. '야마기사의 핵심·결론을 뜻하는 언론계 은어'를 잡고 글을 쓰지 않았다. 그렇기 때문에 쓰는 과정이 몇 배로 고통스러웠고, 다 쓰고 나서 원고를 읽었을 때도 내가 내놓은 주장들이 낯설기 짝이 없었다. 현장에서 보고 들은 것들, 하나씩 찾아 읽은 자료들 속에서 자연스럽게 결론을 도출해 나갔기 때문일 것이다.

그래서 책 마지막에 내가 '원래 쓰려고 생각했던 것'과 '실제로 쓴 것'을 비교해 정리해 보려고 한다. 이 책이 무엇을 주장하고 있는지를 독자 여러분에게 다시 한 번 상기시키고, 왜 내가 이런 주장을 펼쳤는지 이해를 돕기 위해서다.

2016년부터 시작된 대북 제재는 북한을 무너뜨리고 있는가?

『북중 머니 커넥션』을 쓰기 전에는 '초강도 대북 제재로 북한 경제가 한계점에 도달했겠구나' 싶었다. 북한이 백기 투항할 '진실의 순간'이 오기 전에 북한의 곡소리를 글로 담아야겠다는 생각마저 갖고 있었다. 이렇게 생각한 데는 나름의 이유가 있었다. 북한은 무역 의존도가 50%가 넘는, '무역으로 먹고 사는 나라'인데, 대북 제재로 대외 무역이 한순간에 막혔고, 해외 노동력 송출 등 주요 외화벌이 수단도 차단됐기 때문이다. 북한이 성장 동력을 잃고 경제가 급격히 악화돼 무너지는 것이 불가능한 일은 아니겠다고 생각했다.

그러나 취재 과정에서 확인한 사실은 사뭇 달랐다. 북한은 제재 속에서도 경제에 큰 타격을 입었지만 생존에는 문제가 없었다. 고속 발전은 못하게 됐지만, 내부 경제는 현상 유지를 하고 있었다. 중국이 외화와 물자를 공급했기 때문이다.

제재에도 불구하고, 북중 국경 1,334km 곳곳에서 양국 경제 거래가 지속되고 있었다. 단순히 중국 중앙 정부 차원의 대북 원유 공급이나 차관, 북한 관광 확대를 말하는 것이 아니다. 중국의 지방정부들도 나서고 있었다. 낙후한 중국의 북한 접경 도시동북 3성들이 경제 성장 동력을 확보하기 위해서 북한과의 경제 교류를 이어갔다.

수면 위에서는 국경 다리와 통관 시설을 확충하며 북중 경협 확대를 차질 없이 준비했고, 수면 아래에서는 지방정부를 등에 업은 한족

기업가들이 금지된 품목들을 대량으로 거래했다. 국경지대의 소규모 밀무역 또한 무시할 수 없는 북한의 수입원이었다. 북한 주민들은 생계를 위해서, 중국 상인들은 차익이 큰 돈벌이를 위해서 감행했다. 1,334km의 길고 긴 국경선에서 벌어지는 일들은 중국 정부가 막으려 해도 막을 수 없는 것이었다.

중국으로부터 필수 물자를 확보한 북한은 이를 원료 삼아 내부에서 경제 발전을 이어갔다. 김정은 집권 이후 빠르게 진전된 북한의 시장경제 덕분이었다. 북한에서 기업은 자율 경영권을, 농부는 개인 밭을 갖게 됐다. 배급의 시대는 끝나고 전 국민 경쟁 시대로 접어들었다. 선군시대의 종식과 경제건설총력시대의 시작을 알리면서 북한 통계에 잡히지 않는 '군부대의 경제 활동'도 활발해졌다.

김정은이 2013년부터 차곡차곡 모은 27개의 특수경제지대에서는 '적게 투자하고 많이 버는' 관광 사업들이 활발하게 추진됐다. 제재 대상에 관광이 빠진 것을 노린 판단이었다. 물론, 특수경제지대 본연의 목적대로 외국 자본을 대대적으로 유치하지는 못했지만 어쨌든 북한 경제에 보탬은 된 것이다. 결국, 중국과 북한의 협력으로 북한은 제재 속에서 버틸 수 있었던 것이다.

대북 제재는 실패인가?

책을 쓰기 전에는 2016년부터 시작된 초강도 대북 제재가 꽤나 성공적이라고 생각했다. 북한이 핵·미사일 실험을 추가로 하지 않고, 영변 핵시설을 폐기하는 움직임을 보였기 때문이다. 북한이 제재 완화를 공개적으로 요구한 것을 보면서 '국제사회가 북한의 아픈 곳을 제대로 찔렀구나' 싶었다.

그러나 이제 와서 보니 대북 제재는 정작 그 목표인 '북한 핵 포기'에서는 실패한 것 같다. 앞에서 말한 대로 북한은 제재 속에서 생존은 가능한 상태이기 때문에 제재 해제를 위해 미국 등이 요구하는 단기간 완전한 핵 폐기를 선택하지는 않을 것이다. 미국과 북한이 절대 합의점에 이를 수 없는 사안을 두고 정면 대치 중인 것이다. 이 때문에 국제사회가 중재안을 내놓지 않는 한, 2016년부터 시작된 대북 제재는 오랫동안 지속될 가능성이 높다.

그렇다고 해서 대북 제재의 영향이 적다는 것은 아니다. 북한이 계속해서 제재 완화를 요구하는 것만 봐도 제재 스트레스를 많이 받고 있다는 증거다. 다만 그 이유는 '나라가 망할까 걱정'이라서가 아니라 '고도성장 욕구' 때문이다. 김정은이 이미 27개의 특수경제지대를 만들어놨고, 북중 국경에 촘촘한 통관 시설을 만들었는데 시원하게 사용하지를 못하니 답답한 것이다.

중국은 왜 '핵 품은 북한'의 숨통을 틔워줄까?

중국은 수십 년간 대북 제재를 망치는 주범으로 꼽혔다. 국제사회의 대북 제재를 아랑곳하지 않고 대놓고 북한에 경제 지원을 하는 경우가 더러 있었기 때문이다. 그 이유에 대해서 나는 나름대로의 답을 가지고 있었다.

첫째, 대북 제재로 북한 정권이 붕괴되면 국경을 맞대고 있는 중국에 큰 혼란이 생기기 때문이다. 중국은 기를 쓰고 북한이 망하는 것만은 막아야 하는 것이다. 둘째, 북한은 중국의 전략적 자산이자 완충지대이기 때문이다. 북한을 잃고 통합 한반도가 구축되면 중국은 미군과 압록강 국경에서 마주해야 한다. 셋째, 중국은 혈맹 북한의 핵무기에 대해 다른 나라에 비해 큰 위협을 느끼지 않는다.

실제로 취재하면서 깨달은 것은 내가 지나치게 안보적 관점에서 북중 관계를 바라봤다는 것이었다. 물론 중국이 순망치한을 이유로 북한이 파산에 이르지 않도록 경제 교류를 이어가는 것은 맞다. 그러나 중국이 제재를 뚫고 북한을 지원하는 데는 경제적 이익이 크게 작용한다. 중국의 동북 3성은 중국 최동북에 위치한 지린성, 헤이룽장성, 랴오닝성 3개성을 말한다. 인구는 1억 595만 명으로 중국 전체 인구의 8.3%를 차지하는데 중국에서 가장 낙후한 지역이다.

과거 중국 중화학공업의 요충지였으나 중국의 경제 구조 변화와 대북 제재 강화 등으로 지역 경제가 망가졌다. 이들 지역에게 북한은 경제 발전의 돌파구다. 동북 3성을 북한과 연결하면 태평양과 한국으로 뻗어나갈 수 있어 고속 성장의 발판이 된다. 또한 현재 싼값에 사들이는 광물과 노동력을 크게 늘리면 지역 경제 발전의 중요한 연료가 된다. 중국 중앙정부도 소외된 동북 3성의 경제 발전을 위해서 '동북진흥전략'을 외치며 북한과의 경제 협력을 장려하고 있다. 중국 지도부에서도 '북한을 찍어 눌러봐야 반항할 뿐이다' 싶으니 차라리 경제 교류를 늘려 돈도 벌고 대북 영향력도 키우겠다는 생각을 가진 듯하다.

북중 경제협력이 확대될까?

책을 쓰기 전에는 줄어드는 북중 무역 규모만 보고 제재가 북중 경제협력 동력을 크게 위축시켰다고 결론 내렸다. 그러나 단둥, 투먼, 훈춘 등 중국의 북한 접경도시들을 가보면 북한에서 사업을 한다거나 투자를 준비한다는 중국인들을 쉽게 만날 수 있었다. 오랫동안 관심 밖이었던 북한이 김정은 시대에 들어서면서 중국인들에게 고수익 투자처로 각인된 듯하다.

더불어 중국의 중앙정부와 지방정부가 손발을 맞춰 북중 경제협력 전략을 차질 없이 추진시키고 있다. 이미 북중 경제협력은 상당히 원활한데, 향후 제재가 완화되면 양국 경협은 폭발적으로 확대될 수밖에 없다.

북중 경제협력 확대는 한국에게 기회인가?

책을 쓰면서 내 스스로도 가장 궁금했던 질문이었다. 북중 경협 확대는 한국의 대북 제재인 5·24조치와 직접적 연관이 있다. 2010년 남북 경협이 하루아침에 뚝 끊기면서 북중 경협이 급격히 확대됐기 때문이다. 당시 상황을 고려하면 불가피한 조치였다고 평가한다. 그러나 10년이 넘어가는 남북 경협 공백에는 아쉬움이 크다.

그렇다면 현재 북한과 중국의 긴밀한 경제 관계는 향후 한국에 어떤 영향을 끼칠까? 우선 북한이 폐쇄적인 국가로 전락하지 않았고, 대중 무역을 원료로 내부 발전과 시장경제, 경제 개방을 진전시킨 것은 한국에게 기회다. 한국이 협력하기 쉬운 경제 시스템이 북한 내에 구축됐기 때문이다. 한국의 자본과 기술을 빨아들이기 쉽도록 북한 내부가 세팅됐다는 뜻이다.

그러나 북중 경협이 확대될수록 남북 경협 공간이 축소되는 것도 사실이다. 이미 중국은 한국에 앞서서 북한의 자원 채굴권을 확보하고 있고, 중국 표준에 의한 인프라 구축과 북한 내수 시장 선점에 나섰다. 북한의 외자 유치를 위한 특수경제지대도 대부분 중국 주요 도시와 마주보고 있다. 그렇기 때문에 한국은 향후 남북 경협에서 중국과 치열한 경쟁을 벌여야 할 것이다. 또한 남북중 협력은 현실적이면서도 필연적인 대북 협력 방안으로 떠오르게 될 것으로 보인다.

대북 투자는 통일이 왔을 때 하면 되지 않을까?

오래 전부터 나는 통일 대박론자였다. 통일을 하면 남북 경제가 빠르게 성장할 것이 분명했으니 염원하는 것이 당연한 일이었다. 그러나 취재 과정에서 통일은 생각보다 더욱 요원하다고 느꼈다. 한국과 북한의 경제 규모는 50대 1 수준이다. 한국은 자유민주주의를 포기할 수 없고, 북한은 일당독재를 포기할 수 없다. 체급과 이념이 극도로 차이 나는 남북이 합치기란 쉽지 않다.

무엇보다 북한 스스로가 통일에 대한 환상을 접은 듯하다. 김정일 시대에 한국은 '남측'으로 불렸지만, 김정은 시대에는 '대한민국'으로 불린다. 남북은 하나가 아니라 별개의 나라라는 것을 강조하는 것이다. 게다가 북한은 지난해부터 핵심 당론인 '우리국가제일주의'를 주장하고 있다. 과거에는 이 같은 표어에 '우리국가' 대신 '민족'이 들어갔다.

북한이 관심을 갖는 것은 경제 개방이다. 더 솔직해지자면 핵보유국으로서의 경제 개방이다. 북한은 핵무기를 보유했지만 이로 인해 국제 제재에 직면해 있다. 이런 불이익을 벗어나기 위해서 북한이 추구하는 것은 '핵 포기'가 아닌 '국제적 묵인'이다. 북한은 국제사회가 핵 보유에 딴지만 걸지 않으면 경제를 개방하고 국제 경제 속으로 편입해 정상국가로 발돋움하겠다는 구상을 갖고 있다.

그러나 한국은 물론이고 북한 핵 포기 방법론을 지배하는 미국이 북한의 핵 보유를 묵인할 가능성은 거의 없다. 이 때문에 나온 것이 제재 완화를 노리는 '단계별 무장 해제' 조치다. 중국이 주장하는 '비핵화와 평화체제 동시 추진'이나 북한의 '선 평화체제 후 비핵화' 모두 제재 완화의 선물을 받으면 경제 개방과 함께 서서히 핵 포기로 나아가겠다는 주장이다.

실제로 2016년부터 이어져온 초강도 대북제재는 이미 핵 포기 협상을 추동할 동력이 크게 줄어들었다. 이제 어느 시점에는 국제사회에서 제재 완화가 본격적으로 논의될 것이다. 현재의 제재가 한없이 이어지면 얻는 것^{핵 포기} 없이 북한의 자폐 경제^{자급자족} 회귀나 중국 경제 귀속과 같은 최악의 시나리오가 펼쳐질 수 있기 때문이다. 북한은 이미 제재 속에서도 경제 개방에 시동을 걸었다. 제재가 일단 완화되면 중국 등 외국 자본을 유치하며 경제 개방의 속도가 빨라진다.

이렇게 돌아가는 흐름을 읽어보면, 한국은 통일의 때를 기다릴 것이 아니라 북한 경제 개방의 때를 준비해야 한다. 통일은 멀고, 경제 개방은 이미 시작됐기 때문이다. 넋 놓고 있다가는 마지막 남은 성공 투자의 나라인 북한을 놓치기 십상이다.

마지막으로 이 책을 쓰는 동안 무한한 응원을 보내준 가족에게 감사를 전한다. 멀리 있는 부모님과 동생들, 가까이 있는 처가댁 식구들이 책 작업을 하는 동안 큰 도움을 줬다. 아내와 한 살짜리 딸은 책 작업의 원동력이 됐다. 이 책 지분의 90%는 가족에게 있다고 해도 과언

이 아니다. 어설프게 쓴 원고 앞부분만 보고서도 확신을 갖고 출판 계약을 맺어준 출판사는 든든한 지원군이자 조언자였다. 중국 현지에서 만났던 북한 무역상과 중국인, 한국인 대북 사업가, 조선족 가이드, 접경지역 주민들에게도 "마지막 페이지까지 무사히 올 수 있도록 도와주셔서 감사합니다"라고 말하고 싶다.

부록

설문지

* 아래 설문지는 2019년 북중 접경지역을 다니며 북한 무역상, 대북 사업가, 현지 전문가들을 인터뷰할 때 사용한 질문들이다.

1. 북중 무역의 실제 규모는? 양측의 주요 교역 품목은 어떤 것들이 있는가?

— 코트라에 따르면 2018년 북중 무역규모는 27억 2,000만 달러로 전년(52억 6,000만 달러)보다 48.2% 감소하고, 대중 무역적자는 23억 3,000만 달러로 19.2% 증가했다고 한다. 북중 무역 일선에서도 지난해 양측의 무역규모가 크게 줄어든 것으로 체감하는가? 통계의 허점이 있다면 어떤 부분이라고 보는가?

— 중국이 선호하는 북한 수출 품목은 주로 어떤 것들인가? 중국이 사들이는 특수한 배경이 있는가?

— 북한은 어떻게 원유 같은 유엔 제재 품목을 중국으로부터 수입하는가?

2. 북중 무역의 거점은 어디인가? 단둥시, 훈춘시, 투먼시, 룽징시, 허룽시, 린장시, 지안시가 꼽힌다는데 각 지역의 교역 특징은 무엇인가?

3. 유엔 제재가 북중 무역에 끼치는 영향은 어느 정도인가? 2017년부터 본격화 된 이번 제재가 북중 무역에 어떤 수준의 충격을 주었는지?

— 북중의 급격한 교역량 감소는 유엔 안전보장이사회(안보리)의 대북제재 결의 때문인 것으로 분석되고 있다는데 동의하는지?

— 북중 무역상들은 강도 높은 유엔제재가 가해진 이 상황을 어떻게 인식하고 있는지? 일시적인 위기로 보는지 아니면 장기적인 위협으로 보는지?

— 중국의 대북 무역상들은 제재 기간 어떤 식으로 움직이나. 북중 무역업에서 이탈하는지, 아니면 다른 루트로 극복하고 있는지?

— 2019년 말부터 대북제재가 완화될 것이란 소문도 있던데, 무슨 근거로 나온 말인지?

4. 유엔 제재로 인한 북중 밀무역 규모는? 어떻게 진행되고 있는가?

— 대북제재 결의로 수출이 금지된 북한산 광물과 수산물이 여전히 팔리고 있다는데 맞는가?

— 북한의 밀무역 효자 품목은 어떤 것들이 있나?

5. 북중 무역은 크게 몇 가지 유형으로 나눌 수 있는가? 각각 어떻게 진행되는가?

— 북중 무역의 유형은 몇 가지로 나뉘는가? 북한 기업과 중국 기업 간 거래, 정부와 기업 간 거래, 개인 무역상 간 거래 등 일반적으로 떠올리는 형태와 다를 것으로 생각된다.

— 각각 유형의 무역은 어떤 식으로 진행이 되는가? 각각의 무역 유형에서 거래 양측은 누구이며, 어떤 식으로 접선해서 거래를 트는가? 가교 역할을 하는 사람들은 누구인가?

— 북한 측에서 어떤 물건을 수입하려고 할 때와, 수출하려고 할 때 거래 방식이 다른가? 각각의 거래의 과정을 상세하게 알려달라.

6. 북중 무역에서 금전 거래는 어떻게 이뤄지는가?

— 북중 무역에서 은행을 통한 신용장이라는 것이 없다고 하는데, 그렇다고 규모가 큰 교역에서 모두 선불 거래를 하기는 어려워 보인다. 어떤 식으로 돈이 오가고 있는가?

— 금전 거래의 다양한 방식과, 최근의 경향에 대해 알려달라. 일방적으로 계약이 파기돼 돈을 못 받는 일이 많아서 요즘은 '보안 계약(공식 계약서 외에 북중 양쪽의 책임 있는 관료급 관계자의 서명이 들어간 이면계약서)' 작성한다는데 사실인가? 이 계약에 대해 설명해달라.

— 일부 조선족 무역상들이 북한에 물건을 대고도 대금을 받지 못해 평양 류경 호텔 등에 장기 투숙하는 현상까지 빚어졌다 하는데 사실인가? 보통 어쩌다 그 지경까

지 가게 되는지 사례를 들어 알려달라.

7. 북중 무역에서 북한 화교와 조선족들의 역할은? 이들의 역할이 어떻게 변화하고 있는가?

— 북중 무역에서 북한화교들과 조선족이 주로 매개 역할을 한다고 하는데 아직도 그런가?

— 북한화교들은 초기에 돈을 많이 벌어 북중 무역의 큰손이라 하는데 어느 정도인지? 이들은 주로 어디에 모여 사나? 북중 무역이 활발할 때 이들이 북한(신의주 등)으로 몰려가고, 한국산 중고폰을 대량 매입한다는데 왜 그런가?

8. 북한에서 넘어오는 보따리상은 어떤 사람들인가?

— 북한 보따리상은 어떤 경로로 중국에 입국하는가. 이들이 사들이는 물품은 주로 어떤 것들이고, 규모는 어느 정도인가? 관세 등의 문제가 없는가? 중국 정부는 이러한 거래에 대해서 어떤 태도를 갖고 있다고 보는지?

— 이들은 개인 무역상이라고는 하지만, 정부에서 파견해 인센티브를 받는다 하는데 맞는가? 완전한 개인 사업자는 있나?

9. 북중 무역에서 한국인의 역할이 있나?

— 한국인이 북중 무역에 참여한 사례가 얼마나 있는지? 주로 어떤 방식으로 참여

하고 있으며, 가장 규모가 큰 한국인 무역사업체는 무엇인지?

— 한국인이 하면 좋을 파트가 있나?

10. 북중 무역이 장기적으로 폭발적으로 성장할 것이라 보나?

— 유엔 제재에도 불구하고 최근 북중 정상회담 전후로 국경 전체의 교량, 세관, 부
  대설비, 관련 무역창고 등이 대대적으로 개축되고 있다는데 사실인지? 이와 관
  한 구체적 사례를 아는지? 현재 웨이하이, 선전, 옌지 등과 평양을 잇는 노선 재
  개설이 준비되고 있다는데 이 또한 의미하는 바가 있는 것인지?

— 일선에서 북중 무역에 대해 대략 언제쯤부터 어떤 식으로 성장할 것이라고 예상
  하는 시나리오가 있나?

— 북중 무역 폭발적 성장의 징후나 지표로 삼을 만한 것이 있나?

참고 문헌

김병연·정승호(2015),『중국의 대북 무역과 투자』, 서울: 서울대학교 출판문화원.

김원배 외(2006),『중국 동북3성 개발이 북·중 접경지역 산업 및 기반시설 개발에 미치는 영향 분석』, 국토연구원.

서종원 외(2017),『중국 동북지역과 연계한 남북중 신(新)인프라 전략 연구: 한반도 신경제지도와 중국 일대일로 연계를 중심으로』, 중국종합연구총서 제17권 6호, 대외경제정책연구원.

손희두(2000),『북한의 무역관련제도에 관한 연구』, 서울: 한국법제연구원.

안병민 외(2014),『통일 준비 한반도 교통인프라 구축 전략기획 연구』, 연구총서 2014-32, 한국교통연구원.

이상숙(2018),『제4차 북핵실험 이후 최근 북중 경제협력의 실태(2016-2017)』, 서울: 국립외교원 외교안보연구소.

이석 외(2013),『북중무역의 결정요인: 무역통계와 서베이데이터의 분석』, 세종: 한국개발연구원.

이석·전병곤(2016),『대북 경제제재의 영향력 추정과 실효성 증진방안』, 세종: 한국개발연구원.

이옥희(2011),『북중 접경지역』, 서울: 푸른길.

이종석(2014),『북한-중국 국경 획정에 관한 연구』, 서울: 세종연구소.

이종석(2017),『북한-중국 국경: 역사와 현장』, 서울: 세종연구소.

이종운·홍이경(2013),『북·중 접경지역 경제교류 실태와 거래관행 분석』, 서울: 대외경제정책연구원.

이정균 외(2016),『대북제재로 인한 북·중 접경지역에서의 무역 거래관행 변화분석』, 세종: 대외경제정책연구원.

이재호·김상기(2011),『UN 대북 경제제재의 효과 분석: 결의안 1874호를 중심으로』, 서울: 한국개발연구원.

이현주 외(2016),『유라시아 이니셔티브 실현을 위한 한·중 인프라 협력방안 연구』, 국토연구원.

임호열 외(2015),『북한무역의 변동요인과 북한경제에 미치는 영향』, 세종: 대외경제정책연구원.

최장호 외(2015),『북·중 분업체계 분석과 대북 경제협력에 대한 시사점』, 서울: 대외경제정책연구원.

최장호 외(2016),『동북아 초국경 인프라 개발과 재원조달: 중국 동북지역을 중심으로』, 세종: 대외경제정책연구원.

***

권영경(2017), "김정은시대 북중 교역관계의 특징 분석과 유엔 2270호 제재 이후 전망",『통일문제연구』제29권 1호(통권 제67호), 평화문제연구소.

김규철(2017), "북·중 무연탄 무역 연구: 무연탄 가격을 중심으로"『KDI 북한경제리뷰』, 2017년 2월호, 세종: 한국개발연구원.

김원배(2000), "신의주-단동 연계 지역개발방안 모색",『통일문제연구』제12권 2호(통권 제34호), 평화문제연구소.

김태황(2016), "북중 국경무역의 추이 분석과 정책방안",『무역보험연구』제17권 제4호, 한국무역보험학회.

김현일(2017), "북·중 접경지역 경제협력 현황과 시사점", 『Weekly KDB Report』, KDB산업은행.

김형수·이필구(2017), "마르티네스의 상호작용 모델을 활용한 남북접경지역의 평화적 활용 방안", 『평화학연구』 제18권 3호, 한국평화연구학회.

남진욱(2016), "북한의 광물자원 수출유형 분석: 무역통계를 중심으로" 『KDI 북한경제 리뷰』 2016년 9월호, 세종: 한국개발연구원.

박명서(2006), "북중 변경무역과 북한의 시장실태", 통일교육원.

박종록(2017), "대북제재 국면에서의 북·중무역에 관한 연구", 북한대학원대학교 석사학위논문.

박종철·정은이(2014), "국경도시 단둥과 북한 사이의 교류와 인프라에 대한 분석", 『한국동북아논총』72호, 한국동북아학회.

박종철·정은이(2014), "국경도시 단둥의 건설과 발전에 관한 연구: 한반도와의 관계를 중심으로", 『사회과학연구』제32집, 경상대학교 사회과학연구원.

배문숙(2013), "북한경제의 대중국 무역의존도 심화에 따른 남북한 경제협력모델 구축에 관한 연구", 충남대학교 박사학위논문.

배종렬(2015), "북한 무역법제의 동향과 남북 무역법제 통합의 방향", 『북한법연구』 제16호, 북한법연구회.

오수대·이정희(2018), "북·중 국경통상구 현황과 시사점", 『아태연구』 제25권 제3호, 경희대학교 국제지역연구원.

우영자(2013), "요녕 연해경제벨트 개발·개방 및 단동-신의주 접경지역 경제협력", 『KDI 북한경제리뷰』 2013년 2월호, 한국개발연구원.

윤승현(2009), "북·중 무역의 현황과 남북경협에 대한 시사점" 『무역보험연구』 제10권 제3호, 한국무역보험학회.

이석(2010), "대북 경제제재와 북한무역: 2000년대 일본 대북제재의 영향력추정",

『한국개발연구』제32권 제2호, 한국개발연구원.

이석·이재호(2012), "5·24조치 이후 남북교역과 북중무역의 변화: 데이터와 시사점", 『KDI 북한경제리뷰』 2012년 5월호, 한국개발연구원.

이원근(2002), "중국에 있어서 중·근대 관세제도에 대한 역사적 고찰", 『국제무역연구』제8권 제1호, 한국국제무역학회.

이영훈(2011), "중국의 대북 경제적 영향력 분석", 『통일경제』 2011년 제1호, 현대경제연구원.

이원용·이승철(2018), "북·중 접경지역의 경제개발구 이해: 단둥변경경제합작구의 거버넌스를 중심으로", 『국토지리학회지』제52권 제2호, 국토지리학회.

이해림(2017), "북한의 무역권(와크)에 관한 연구: 재산권 이론에 의한 접근", 『통일문제연구』제30권 제2호, 평화문제연구소.

이종규(2015), "북한의 경제특구·개발구 추진과 정책적 시사점", 정책연구시리즈, 한국개발연구원.

이종규(2016), "성별 북중무역의 결정요인 분석: 2000년대 상황을 중심으로" 『비교경제연구』제23권 제1호, 한국비교경제학회.

정은이(2012), "동포경제네트워크의 형성과정과 북한의 개방: 북·중 접경지대 재중 조선인과 중국 연고자의 삶을 중심으로", 『한국동북아논총』제62권, 한국동북아학회.

정은이(2014), "접경지역 단둥에 대한 현지조사", 『KDI 북한경제리뷰』 2013년 4월호, 한국개발연구원.

정은이·박종철(2014), "중국의 대북한 무역에 관한 연구: 무역관행과 행태 및 행위자의 변화 추세에 따른 역동성을 중심으로", 『통일문제연구』제26권 제2호, 평화문제연구소.

정은이(2017), "북·중무역과 대북제재의 한계", 『수은 북한경제』 통권 제54호, 한국수출입은행.

부록 참고문헌

정은이·박종철(2017), "북한의 대중국 철광무역에 관한 연구: 무산 광산의 개발 현황을 중심으로", 『한국동북아논총』 제85권, 한국동북아학회.

최수영(2015), "북한의 지하자원 수출실태 분석과 정책적 시사점" 『정책연구』 2015-30, 한국경제연구원.

최장호 외(2016), "북한 주변국의 대북제재와 무역대체 효과", 「KIEP 정책연구 보고서 16-08」, 대외경제정책연구원.

허동일(2017), "중국의 대북한 국경무역 연구", 동국대학교 석사학위논문.

현대경제연구원(2011), "북·중 접경지역 개발현황과 파급영향", 『한국경제주평』 통권 442호.

홍익표(2006), "북·중 변경무역의 실태 분석 및 향후 전망", 『북한경제논총』 제13호, 서울: 북한경제포럼

홍진영(2011), "한중일 현시 비교우위와 산업 내 무역에 관한 연구", 인하대학교 박사학위논문.

***

한국무역협회, http://stat.kita.net/main screen

KOTRA, http://www.kotra.or.kr

북중 머니 커넥션

초판 1쇄 발행 · 2020년 3월 15일

지은이 · 이벌찬
펴낸이 · 김동하

펴낸곳 · 책들의정원
출판신고 · 2015년 1월 14일 제2016-000120호
주소 · (03955) 서울시 마포구 방울내로9안길 32, 2층(망원동)
문의 · (070) 7853-8600
팩스 · (02) 6020-8601
이메일 · books-garden1@naver.com
포스트 · post.naver.com/books-garden1

ISBN 979-11-6416-051-8 03320